CONTENTS

〔研究ノート〕

仏教寺院における「サードプレイス」になる可能性

―― 社会学概念による事例研究[1] ――

大阪大学大学院人間科学研究科　**趙 梦 盈**

抄録

本研究は現代日本における仏教寺院という場に、どのような社会的役割を所有しているのかを探求するために、まず日本仏教寺院が歴史上に有していた社会的役割を調べた。その結果、時代とともに変化する寺院に「非宗教的集まりの場」という役割が形成されていることを発見した。また、「非宗教的集まりの場」を社会学的アプローチによって考察し、このような場所がOldenburgのサードプレイスと類似していると考えた。さらに２つの事例を選出し、サードプレイスの８つの特徴を用い、寺院はサードプレイスであるかどうかを考察した。そこで寺院はサードプレイスと同一ではないが、似たような機能が発揮できることを判明したため、現代社会においては仏教寺院がサードプレイスになる可能性があると結論付けた。

キーワード：

仏教寺院、社会的役割、非宗教的集まりの場、サードプレイス

1. はじめに

2000年以後、日本では仏教の福祉活動や社会貢献活動が活発になってきている。様々な領域で、各宗派の僧侶により社会的弱者への援助や社会問題解決への協力が民間人と研究者の目を引く（稲場・櫻井2009；櫻井2011；秋田2011)。現代日本社会福祉における諸問題の改善に向けて、仏教が期待されている（井本2002；北川2011；長上2012)。

仏教は救済を語る哲学であるため、福祉との間に親和性を持つと広く考えられている。特に大乗仏教においては慈悲の心により他者救済を優先にする「菩薩の道」が提唱された。日本仏教も確立された当初から、多種多様な形を通して、継続的に福祉活動が行われた。また、これらの福祉活動の多くは、寺院でなされ、少なくとも寺院という場所と何らかの関連性を持っている。さらに、日本にあるコンビニの数を上回る仏教寺院は、ある程度整備されたインフラも、比較的に広い空間も有している。その

上、長年地域に存在しているため、地域の生活者にとって、仏教寺院は信頼しやすく、アクセスしやすい場所ともいえる。つまり、日本の仏教寺院は福祉活動を行うのに、思想的な背景と伝統、また物理的な条件が揃えられている場所であると考えられる。

しかしながら、現在、日本の仏教寺院は①「人口減少と地域過疎化」②「仏教寺院内部の諸問題（檀家制度、世襲制、葬式など）」③「宗教離れ・仏教離れの社会意識」（島田2010；水月2016；松本2017）といった理由で衰退している。さらに筆者が2019年に行った研究には、この３つの理由の背後に、仏教寺院が時代とともに変化された社会意識と生活者の需要に対応できていないため、現代社会における社会的役割が喪失したという根本的な要因があると主張した（趙2019）。

けれども、現代社会における寺院の社会的役割についてはっきり定義されなかった。また寺院の社会的役割という概念の下に、どのような具体的機能が包含されているのかについても、まだ十分に議論されていない。そのために、本研究はまず、現代社会における仏教寺院の役割を定義する上に、歴史的な経緯から、日本における仏教寺院の異なる時代にどのような機能を果たしていたかを洗い出す。また、その結果を考察し、重ねて社会学の視座から現代日本社会において、仏教寺院という場の可能性を試論する。

2. 仏教寺院の社会的役割とは？

社会的役割は曖昧かつ多義な社会学概念の一つであり、多くの学者により議論されてきている（斎藤1958；Biddle1966；佐藤1973）。現在もまた、社会学とその隣接科学において頻繁に使用されている。三沢（1987：77）が以下のように、社会的役割を簡潔に説明した。

> 役割は社会システムの基礎的な構成要素であるとともに、パーソンナリティ・システムの構造的要素でもあると概念されている。それは個人に課されるものであるだけでなく、個人が働きかけるものでもあり、その意味で社会の拘束性と個人の主体性の接点に位置して両者を媒介する概念であるという。

つまり、社会的役割は個人と社会の接点であり、個人は役割を通して社会から必要とされ、また、役割を通して社会に働きかけるのである。もちろん、ここで討論されているのは個人と社会の間に、パイプのように存在する社会的役割であるが、個人によって組織され、いわゆる現代法律上の「法人」にも、社会的役割が有していると考えられる。

現代経営学者Peter Ferdinand Druckerが、あらゆる組織は個人の社会貢献できる手段であり、自己実現の手段でもあるといった[2]。言い換えれば、組織の社会的役割は個人と社会を結び、個人と社会の相互行為が実現できる場である。このように、個人、組織、社会は社会的役割によって結ばれ、有機的に組織されていると言えよう。

ここから分かるように、組織の社会的役割は社会の需要と、その需要に答えようとする個人の意識両方からくるものである。また、社会の需要は時代とともに、変遷されていくため、組織である仏教寺院の社会的役割を考える際に、当時における社会の需要を考慮しなければならない。なぜならば、社会の需要が変化すれば、個人と組織に新たな役割を付与されることも、陳腐な役割が消滅してしまうことも有り得るからである。また、寺院は一般の組織とは異なり、仏教思想の元に形成された。そのために、寺院は寺院として社会に働きかけるのには、必ず仏教思想に基づかなくてはならず、自ら所有している文化と伝統も無視できない。したがって、筆者は仏教寺院の社会的役割を「寺院は特定時空の下に置かれた社会で存続するために、仏教思想と伝統を基にし、その社会と生活者の需要に応じて能動的に機能すること」と定義する。

ここまででわかるように、日本の仏教寺院の衰退をもたらしたと考えられる３つの要因はそれぞれ、寺院と現代日本社会の人口分布、生活様式、個人の認識における変容に対応できないところから発生していると言えよう。そのために、筆者が主張した、寺院衰退の根本要因は現代日本社会における社会的役割喪失というのはある程度妥当性があると言える。

では、寺院の社会的役割は分かったが、どのような働きあるいは機能があれば、現代日本社会において、その役割が実現できるのか。それを知るために、今まで、異なる時代の中、日本の仏教寺院はどのような機能を有していたのかを、再帰的に考察する必要がある。

3. 歴史研究からみる日本寺院の社会的機能

3.1　古代寺院：仏教伝来から平安末期

本格的な伽藍を備えた日本最初の仏教寺院飛鳥寺（法興寺）は蘇我氏により、６世紀末から７世紀初頭にかけて造営された。推古17年から、百済、高句麗、さらに中国本土からの渡来僧が入寺し、特に恵慈、慧灌、福亮、智蔵は三論宗を学んだとされている。また、唐にわたり玄奘から学んだ道昭は、帰国後に飛鳥寺で禅院を建て、唐から持ち帰った経典の数々や弟子の学僧と共に居住したという。飛鳥寺は当時の日本における仏教教学研究機関という機能を有した唯一の寺院として、朝廷からの庇護を受けていた（末木1996；岩城1999；本郷2015）。

また、推古元年、聖徳太子が大阪四天王寺を建設した。四天王寺は国家鎮護と仏法への研究以外に、四箇院という機関も設けられ、現在の社会福祉関連施設の原型とも呼ばれている（藤森2014；長谷川2015）。

さらに、竹内（2016）は、こういった中央支配集団に整備された中央大寺以外に、地方寺院も出現し始めたと述べている。その時期の地方寺院は、地方有力者をはじめ、寺づくりの職人、仏師と僧侶（或いは僧の資格がないが、写経など仏事の遂行能力を有している個人）の「知識結集」によって作られている。共に仏事を行い、仏教的実践することを主な目的とされている[3]。

その後、奈良時代になると、天皇を中心とする律令制国家が整備され、仏教も国家政策の一環として進められ、いわゆる「国家仏教」の時代となった。『続日本紀』によれば、天平13年、聖武天皇の「国分寺建立の詔」によって、国分僧寺と国分尼寺が設置された。一方、このような官寺以外にも、一門の繁栄、先祖の追善などを祈るために、有力氏族や王族が氏寺も複数に営造された。（速水1996；本郷2015；須田・佐藤2013）。

平安遷都以後、桓武天皇・嵯峨天皇は奈良仏教に対抗しうる新しい仏教として、最澄が唐から持ち帰った天台宗や空海が持ち帰った真言宗を保護し、そのために密教と密教寺院が台頭した。密教寺院は加持祈祷が行われ、呪術的な力を利用し、皇族や貴族の現世利益を成就するような儀式が多くなされている（松崎2002；苫米2008）。

3.2　中世寺院：鎌倉時代から江戸幕府の建立

鎌倉時代に入ると、日本の政治的中心が京都から鎌倉に移り、地方が発展し始め、新しい勢力として武家階級が誕生した。このような社会変動に応じて、仏教界でも新しい動きが生じた。その時期に「鎌倉新仏教」と呼ばれる六宗派（臨済宗、曹洞宗、浄土宗、浄土真宗、時宗、日蓮宗）が台頭した（黒田1990；大隅2000；今原2009）。

一方、中世の寺院は時代と仏教自身の変化とともに、前節に挙げた古代寺院の機能を伝承しながらも、新たな特色が形成された。

第一は寺院による福祉活動の進展である。中世には、いくつもの大飢饉を経験しながら、飢民救済が全社会的政治問題となり、応永、寛正の時に、五山寺院など将軍家の官寺が寺院の前で食べ物の施行を実施したことが歴史に記録されている。また、時宗僧団の要請により、食べ物の施行と施餓鬼供養も執行され、さらに寺院の門前に捨てられた子供が生き延び寺の子として成長することもあった。また飢饉と戦乱が重なり、大量発生した死者への追悼供養も主に寺院や僧侶集団によって行われていた。その上、国家や行政の機能が小さかったため、個人では手に負えない公共事業、医療活動には寺院が大きく機能していた。そのために、勧進を募り、橋、道など交通機関を整備、修理する津寺、橋寺も出現していた。並びに、医療理論も当時の最高知識層である仏教僧侶により整備されていく（五味1984；今原2009湯原2006）。

第二は民衆仏教の形成である。中世の日本社会は流動性の高い社会であったため、仏教の教えも、統治階級から下に浸透し、民衆の仏教になりつつあった。官寺から離れた遁世者、修験者、勧進聖の「ひとり寺」もこの時期に多数現れ、中央から流罪にされた法然、親鸞、日蓮などの僧侶も、地方で道場を構え、各自の布教活動をなされ、時宗の遊行僧たちによる一般人向けの説法と勧進も盛んになっていた（黒田1990；久野1999；今原2009）。

第三は、寺院機能の多元化である。この時期に寺院を中心に形成される職人、知識人集団も多くなり、寺院は仏法の研究機関から、複数分野の学術中心となっていく。特に寺院営造に関する建築学、美術または農業生産と関係する技法や、先述した医学への研究も寺院という場でなされ、その様子と成果も史料に散見されている。また、中国、朝鮮半島との仏教的交流を行いながら、国際貿易と技術の交流も行う寺院が多数存在していた。さらに、遁世僧教団が「回向追善」の目的で、故人葬送や法事を行うようになったという（久野1999；山岸2004；伊藤2008）。

3.3　近世、近代、現代

江戸時代になると、仏教は徳川幕府の統制下に置かれ、幕府の民衆支配の一機構として機能することになった。それにより、本末制度と寺請制度が確立された。一方、鎌倉時代に始めた故人追悼の葬式は、江戸時代になると非常に普及され、寺院の最も重要な仕事ともなった（池田1989；中島2005；松尾2011；橋本2016）。

しかし、法要など宗教活動への参加以外にも、寺院、特に檀家寺では学習活動や福祉活動も地道になされていたという。例えば、寺院を場所とする私的教育施設である寺子屋は、一般町人の間に定着し、江戸時代ないし明治初期における日本の識字率の高さに貢献した（清水2003；吉田・長谷川2001；長上2012）。

ところが、明治４年に、「大小神社氏子取調規則」が発布され、同年９月に寺請制度が廃止された。これにより、歴史上長きに亘る統治階級と仏教の結び合いに終止符が打たれ、寺院が有していた国家機関、行政機関の性格は失われたのである。また、明治５年に「今僧侶肉食妻帯蓄髪等可為勝手事」という太政官布告三三二号が施行され、僧侶の結婚が認められたことによって、寺院は住職一家の住み処《すみか》となり、寺院は世襲制によって継承されることが一般的になった。日本仏教がさらに世俗化され、寺院も家業になっていった。さらに、第二次世界大戦後、現代国家の成立と伴に、寺院が担っていた教育、医療、福祉などの役割が公的サービスの整備により剝奪され、残されたのは葬式、法要だけとなった（池田1989；中島2005；橋本2016）。

しかしながら、鎌倉時代から仏教の庶民生活への浸透や、寺檀制度の影響により、檀家寺はまだ小範囲の公共性を有し、地域における集まりの場として利用されてきた。筆者はフィールド調査から、公民館や他の娯楽施設のない時代に、寺院が地域内部の交流と繋がりを支えていたことをよく理解できた。とは言え、この小範囲の公共性は今の時代において、衰弱していく（高橋2009；櫻井2015；大谷2019）。

3.4　歴史研究への考察

以上の先行研究から、日本の仏教寺院は時代と伴に、その機能がどのように変化してきたのかを整理した。仏教寺院は最初に、国家鎮護の祈祷機関、仏法の研究機関、行政機関といった機能があったが、中世末期から鎌倉新仏教による仏教の庶民化により、「集まりの場」という社会的機能が新たに形成された。檀家たち、さらに地域の生活者が何らかの理由で寺院に集うことは、日本の仏教寺院においては400年近く所持していた１つの伝統であると考えられよう。

また寺院に集う理由は、大きく葬式法要など「宗教的集まりの場」と教育、福祉さらに、ただのコミュニケーションを目的とする「非宗教的集まりの場」に分類できよう。しかも、この２つの機能が時代性、階級性、地域性があり、縮小しながらも、今日まで継続されている。

その上に、「宗教的な集まりの場」について多くの研究者が、宗教学、宗教社会学などの視点により、考察されてきたが（池上2003；森2010；宇治2012；粟津2017）、「非宗教的集まりの場」はただ「宗教的集まりの場」の外延に見られ、深く議論されていなかった。しかしこの機能は、宗教色の軽減により、活動内容、参加者の属性が多元になる可能性があり、実際、前述した仏教的福祉活動の多くも、寺院のこの機能に支えられた。そのために、本研究は社会学アプローチから寺院の「非宗教的集まりの場」という機能を試論していきたい。

4.　社会学のアプローチ

4.1「サードプレイス」と「ソーシャル・キャピタル」

「非宗教的集まりの場」はインフォーマルな人間集会である。その特徴と効果についての社会学的研究の中に、「サードプレイス」と「ソーシャル・キャピタル」が近年、広く注目を浴びている。

アメリカの社会学者 Ray Oldenburg は1989年の著書 *The Great Good Place* にて、純粋な社交[4]ができる「とびきり居心地よい場所」（Oldenburg 2013: 7）を「サードプレイス」と定義した。サードプレイスは、一般的に家（ファーストプレイス）と職場・学校（セカンドプレイス）以外の場所だと認識されている。Oldenburgによれば、サードプレイスは以下８つの特徴を備えている。すなわち：中立、平等、会話が主な活動、アクセスしやすさ、常連・会員、目立たない存在、機嫌がよくなる、第２の家（Neutral ground, Leveler, Conversation is the main activity, Accessibility and accommodation, The regulars, A low profile, The mood is playful, A home away from home）である[5]。

つまり、Oldenburgのサードプレイスは、平等な会話により、人の精神に慰めを与え、ストレスを軽減する場所であり、適切な距離感を保ちながら、多様かつ深みのある繋がりを創出できる場所だと理解できる。そのために、今日の地域蘇生、コミュニティ構築、さらに精神ケアなど諸領域において、Oldenburgのサードプレイスは大変重要視されている。特に、このような純粋な社交は個人にいい影響を与えるだけでなく、その影響を受けた個人によって、社会にもいい影響を与えられる。Oldenburgがこのようなサードプレイスが街の住みやすさと魅力の源であり、さらに、市民参加、市民社会、民主主義にも重要な影響をもたらすと主張した。Oldenburgのサードプレイスに対して、舟橋（2011）は「正常な社会における重要な社会的関係性と経験を提供し、福祉の感覚を保持させる」機能があると指摘している。

一方、サードプレイスについての研究は、使用目的から、一人の時間を楽しむサードプレイスと他人とコミュニケーションをとるサードプレイスを分けて考える傾向がある（小林・山田2014）。本研究が取り扱うサードプレイス概念はOldenburgに提唱された他人とコミュニケーションをとる場である。なぜならば、そのような場所におけるコミュニケーションからソーシャル・キャピタルが生まれると考えられるからである。

ソーシャル・キャピタルは、人と人の間に存在する信頼、互恵性の規範、ネットワークを示す概念である（Coleman 1990; Putnam 2000; 大守・宮川2004）。ソーシャル・キャピタルが豊かな地域には、政治的コミットメントの拡大や、子供の教育成果の向上、近隣治安の向上、地域経済の発展、地域住民の健康状態の向上など、経済面、社会面において好ましい効果が見受けられる（Putnam 2000）。また、Coleman（1990）は、ソーシャル・キャピタルの源は、人と人の付き合いなど人間関係、中間集団（個人と社会の間にある、地域コミュニティの組織やボランティア組織など）と認識している。

つまり、ソーシャル・キャピタルは人々のコミュニケーションと、コミュニケーションの重なりから生じるものである。また、現代心理学、脳科学など諸分野の観点から、会話によるコミュニケーションは精神ケアの効果があると認識されている。なぜならば、会話により、鬱憤を発散し、内在する情報の整理もある程度できるからである。また、自分の話に注意を払い、共感する他者の存在が確認できるため、孤独感から一時的に解放されるからである（田中2002；町田2007；橋本2010；片桐2015）。そのために、会話活動が行われるサードプレイスは人々の精神状態と生活、さらに地域社会までに潤いを与えるソーシャル・キャピタルが醸成される。

4.2　寺院が現代日本社会におけるサードプレイスの１つになれるか？

今の日本社会はOldenburgが「サードプレイス」理論を提唱した当初のアメリカ社会とよく類似している。産業化が進んだ現代社会では、分業が発達し、個人は義務に追われ、仕事に多大な時間を捧げている。そのために、家族と同僚以外の友人関係が乏しくなり、自分らしく行動するどころか、自分らしさとは何かと思考する時間さえ足りない。いざ時間の余裕ができれば、サードプレイスで他者とコミュニケーションをとるより、自分のために時間を使用したい。緻密な分業により、我々は今までにないくらい他人に依存しているが、今までにないくらい自分が所属する集団しか知らない。誰でも自分の蛸壺に居住し、サービスもさらに個人に特化され、全員がストレンジャーであるような社会ができてしまう。

当然、このような社会では、寺院のような人が集まり、コミュニケーションをとるサードプレイスの退化や、ソーシャル・キャピタルの欠乏も徐々に深刻になり、また、サードプレイスとソーシャル・キャピタルの縮小により、このような社会環境がさらに悪化していく。現在日本社会における人の孤立、ストレスの増加、孤独死など諸現象はまさにそれと関わっている。このような行き過ぎた個人社会、無縁社会を改正するために、これからサードプレイスの再建とソーシャル・キャピタルの再生は重要な社会課題となっていると考えられる。

一方、日本の仏教寺院が持つ「非宗教的集まりの場」という機能はかつて寺院での教育、福祉など様々な活動を通して、地域における生活者間のネットワークが創出されたと考えられる。寺院は昔、地域住民にとって、家と仕事場以外に、もう１つ意義のある場所であり、地域社会におけるソーシャル・キャピタルを醸成するサードプレイスの１つとして捉える可能性がある。

そこで筆者は、ソーシャル・キャピタルを醸成するサードプレイスであった日本の寺院は、現代日本の地域社会において、その機能が回復すれば、地域社会と寺院自身に非常に有意義であると考えた。したがって、本研究は「寺院が現代日本社会におけるサードプレイスの１つになる可能性がある」という仮説を導出した。次章からその仮説を事例研究によって検証する。

5．事例研究による検証

5.1　研究方法及び研究対象

本研究は、事例研究の方法を用い、仮説を検証する。

筆者は２つの研究対象に対して、複数回の参与観察と半構造インタビューを行った。そこから得られたデータに基づき、新聞記事なども参考にしながら、事例を構築した。本章では、それぞれの事例を紹介した上、Oldenburg によるサードプレイスの８つの特徴を指標として、研究対象が Oldenburg のサードプレイスになっているかどうかを議論し、最後に、２つの事例における問題点を整理する。

本研究の研究対象として、２つの寺院を選出した。２つとも檀家寺の部類に入る寺院である。日本中多くの檀家寺から、この２つを選択した理由は以下のようである。

立地：寺院Ａは人口の多い都会に立地しているが、寺院Ｂは人口の高齢化と流出率ともに高い農村部にある。つまり、立地から考えれば、この２つの寺院は現在日本中における２種類の檀家寺の典型であると考えられよう。すなわち、人口的潤いのある都会寺院と、人口減少により、廃寺の危険のある地域寺院である。

運営理念：寺院Ａは現住職の認識と努力により、かなり早い段階から様々な社会活動をなされており、日本中に数えられる「社会参加型」寺院の典型である。一方、寺院Ｂはほとんどの伝統的檀家寺と同じく、法要仏事に専念しながら、できる範囲内に地域奉仕活動（年１回のもちづくり大会など）を行っている。しかしそれ以上他の社会活動について積極的ではない。

このように、２つの寺院は現在日本の檀家寺の代表者であるため、一定の普遍性がある。つまり、このような代表的な寺院にはサードプレイスになる可能性があると証明すれば、日本における仏教寺院全体的にサードプレイスになる可能性があるという仮説の妥当性を高めることができると考えた。

5.2　寺院Ａ：終活カフェタイプ２

寺院Ａは大阪市の寺町にあり、1614年（慶長19）に建立されたある浄土宗の寺院の塔頭（付属の寺院）である。住職の言葉を借りれば、宗派問わずの「参加型寺院」で、檀家、仏事のない代わりに、年間100以上のイベントを開催し、「日本一若者が集まるお寺」だとメディアと研究者によく言われている（秋田2011；松本2007）。また、劇場型の本堂ホールや研修室、オープンスペースなどを有し、ユニークな文化施設として広く市民にも親しまれている。歴史と伝統を持つ寺院を、地域コミュニティの中心として再生しながら、新しい時代の寺院としてトライアルを続けていくと住職と職員が考えている。この寺院は2018年から「お寺の終活プロジェクト」に取り組み、

「とむらいのコミュニティ」の拠点として寺院を再生しようと新たな活動を展開している。

終活プロジェクトの活動理念は地域に根付いてきたお寺の資源力を活用し、新たな「終活」の理解と普及を推進することである。とくに宗教的ケアの可能性の掘り起こしと、生涯課題にまつわる実務的ケアの学習・連携、さらに市民・外部専門家との対話と協議を進めるといったことを考案されている[6]。

今回本研究は「お寺の終活プロジェクト」の中に属する「おてら終活カフェ」に焦点を合わせている。終活カフェを企画したのは、寺院Ａの２人の職員である。２人は、「死」を扱ってきた「寺という場の安心感」の中で、市民と僧侶が膝を交える機会を作るのは「寺の使命であり、時代の要請」[7]であると考えている。

「おてら終活カフェ」は月１回行われ、形の違いによって、２種類に分類できる。本研究では、この２種類のことをタイプ１とタイプ２と呼ぶことにする。タイプ１は、ゲストを招き、テーマごとに、終活と関係のあることを参加者に紹介する形であるが、一方、タイプ２は、ゲストなしに、職員（住職と副住職もできる限り参加しているが、別件があり忙しい時には、職員２人が主導する）主導で、「井戸端会議」と呼ばれる雑談会である。筆者は同じ研究室に所属している学生数名と共に、2021年６月から、該当寺院で複数回のフィールドワークを行い、２種類のカフェにどちらも参加できた。午後２時前後に開始され、４時頃に終わりとする活動で、Google フォームによる予約を取っている。

終活カフェタイプ１と比べ、タイプ２は雑談会であるため、非常にサードプレイスと類似していると考えたため、タイプ２を主な対象とする。その上で、Oldenburg が考えた「サードプレイス８つの特徴」に沿って考察していきたい。

①中立

タイプ２の会場として使用されているお堂は納骨にも使われ、仏像も設置されている。しかし雑談の内容は日常のできこと、ここに来るきっかけ、コロナへの心配、職員のストーリー、最近のニュースなどがあり、宗教の色はあまり見当たらない。特に、寺院の職員、フィールド調査しに来ている学生に参加者が興味を示している。つまり、仏教や死といった話題より、生きている人の日常が好まれている点から、この空間は中立であると判断できよう。

②平等

主催側以外の参加者の構成は、年配の方、癌患者の方、独身の方、親が高齢である方が最も多い。そのために、筆者と学生たちが、はじめにその場に現れた時、他の参加者を驚かせた。「死ぬことなんてまだ考えなくてもいい歳なのに…」と年配の方に微笑みながら言われた。その話について、「これも１つの勉強です」と学生が答える。

この空間は確かにOldenburgが指摘したように、肩書き、社会地位などが働かないため、その人の本質に注目しやすい。若い学生、面白いおじいちゃん、優しいおばあちゃん、ずっと笑っているお姉ちゃん…その場にいる人は性格や特徴によって、特定され、記憶されていく。誰でも発言の権利があり、また他の人が発言する時に、内容を問わず誰でも傾聴している。よって、この空間にはサードプレイスの平等特徴が観察されたと言えよう。

③会話が主な活動

タイプ２の井戸端会議はもともと雑談会であるため、その特徴を備えていることに贅言を要しない。

④アクセスしやすさ

この活動の運営の理念には、参加することについて何も制限されていない。また、寺院Ａは長年、社会との繋がりを重視しているため、オープンな寺院としてもかなり有名である。よって、理念上のアクセスしやすさを有している。一方、寺院の近くに地下鉄の駅があるため、交通上の利便性もある。しかし運営時間の制限がアクセスしやすさにマイナスの影響を与えた。

⑤常連・会員

お寺終活カフェタイプ２自体に会員制をとっていないが、常連ができている。しかし常連ができたのは、タイプ１の講座型や、当該寺院における他の活動の繋がりが大きい。「ここに来ている皆が何回も一緒に参加している」と常連の１人が語っていた。つまり、ここでの常連は、終活カフェタイプ２だけの常連ではなく、寺院Ａの常連である。

⑥目立たない存在

Oldenburg（1999: 90）はサードプレイスの外観、内装、さらに、そこに入る常連たちから、飾らなく、「地味で控えめな雰囲気」が漂っていると指摘した。その控えめの姿勢からもサードプレイスの居心地よさを演出する。前述したように、終活カフェタイプ２は仏像がおかれているお堂を会場としているため、外観も内装も控えめではある。また、参加者たちも服装選びに多大な力を入れているように見えない。住職も袈裟ではなく、日常的な服装を着ている。ただし、宗教的な場所に地味を感じるか、荘厳を感じるかについては人によりけりであろう。そのために、この特徴は半分しか備えていないというしかない。

⑦機嫌がよくなる

タイプ２においては「機嫌がよくなる」というサードプレイスの特徴が非常に目立っている。参加しに来るときに、参加者たちのマスクの後ろに潜む緊張感、たまった疲れなどがよく感じ取れる。理由としては、寺院Ａの活動によく参加している常連であっても、お互いにコミュニケーションをあまりできていないため、また疎外感を持っているだろう。また、新入りも出現した場合、さらに緊張感が増すのだろうと筆者は認識している。具体的な表現は挨拶する以外に何もしゃべらないことや、遠慮して、奥の場所に座らず、入り口の近くに座ることが多く見受けられた。

その上、雑談会の最初は、誰も積極的に口を開こうとしなかった。職員が「では、一人ひとりで自己紹介をしていただきましょう」と沈黙を打破した。その後も「コロナの中の悩みを共有しましょう」というテーマを出し、徐々に参加者の緊張感が、共有しようとする積極性に変わっていく。コロナ禍の中で、社会的繋がりが喪失し、外出して気晴するのもなかなかできない状態が多かったため、ストレスもかなり溜まっている。悩みを共有することによって、参加者のストレスに出口を作られた。また、このようなパンデミックの中のストレスと悩みは個々人のものではあるが、みんなが直面する社会環境は同じであるため、共感されやすいかもしれない。また学生たちもここに来るきっかけや、今の研究課題について聞かれ、「若いのにえらいな」と褒められた。このように、皆でしゃべり、笑っているうちに、最初、参加者たちから観察した緊張感と疎外感が少しずつ溶けていき、誰もが楽しそうに見える。終わりの時間になると、「どうやって帰るの？地下鉄？」「また遊びに来てや」「お兄ちゃん勉強頑張って」と参加者たちからの別れの挨拶も温かみを感じた。

⑧第２の家

Oldenburgはサードプレイスが家と類似した家ではない場所であると主張した。類似の点については心理学者デイヴィッド・サーモンの観点を借りている。すなわち、帰属感、私物化、元気の再生、気楽、ぬくもりという５つである（Oldenburg 2013: 94–97）。その中で、私物化というのは、「環境を所有し、支配している気持ち」（Oldenburg 1999: 94）を指している。簡単に言えば、その空間にいる時の自由感だと理解できよう。残念ながら、タイプ２の現場では帰属感と私物化は観察できなかった。

以上８つの特徴の分析から、寺院Ａのお寺終活カフェタイプ２はOldenburgのサードプレイスと非常に近いが、アクセス時間上の制限と第２の家における構成要素の欠如により、完全なサードプレイスと判断しがたい。次節からは、２つ目の事例を紹介する。

5.3　寺院Ｂ

寺院Ｂは富山県の農村部に立地しているごく普通の檀家寺である。所属する地区の世帯数がわずか1,008[8]しかなく、その上年々、流出人口が増えつつある。その理由で、寺院規模もとても小さく、門徒数は30件しかない。しかし、こういった寺院運営上に決定的な短所がそろっていても、寺院Ｂは非常に活気溢れる寺院となっている。その活気は人の出入りから生じていると、筆者が該当寺院における計７回のフィールド調査で分かったのである。

前坊守（83才）が、ほぼ毎日のように近所の方たちが、寺院に雑談しに来ていると述べていた。その度に、野菜、果物、お米などの食材も持ってきているので、「おかげさまで、食べることには心配したことないの。最近皆が忙しくて、県外に出ていく人も多いけど、残されたお年寄りたちがね、うちのお寺にきて、噂話なんかして楽しんでいるの、安くて済むからね、こういう楽しみが…」とも語った。

寺院Ｂの住職（60才）は専業僧侶で、坊守（59才）は小学校教諭である。そのために、お寺の留守番は主に前坊守である。長女は結婚し、石川に移ったが、週一回程度で、帰ってきている。長男は今大阪市の老人施設で介護職に就いているという。「みんな立派に勤めているから、私は頭が悪いから、お料理と留守番しかできないの。だけど、近所の方たちと仲いいから、寂しくはない。」と前坊守さんが微笑んでいた。

コロナウイルスが流行る前に、寺院Ｂは年に数回の行事・法要を行い、地域の集会も主催している。「冬には餅つき大会、夏には流しそうめん、この２つは毎年やってる。後さ、お盆に皆墓参りしに来るから、お菓子とか、かき氷も用意している。今年（2021）はほとんど無理だったけど、報恩講（10月）に来る人のために、祖母ちゃん（前坊守）が煮物弁当と御萩をつくるの」と坊守が寺院の活動について話してくれた。来る人全員分の食べ物を用意することは、前坊守にとって、負担にならないかと聞くと、「近所のおばさんたちが手伝いに来るから大丈夫」と坊守が答えた。

寺院Ｂと地域の絆の形成には少しユニークな理由がある。該当寺院平成27年から28年の寺報によれば、寺院Ｂは安政のころに、集まりの場所がなく、困っている地元住民の願いにより、「渡り十人衆」が代表として交渉し、別の町にある空き寺を現在地に移築してきたという。その後、寺院Ｂは公民館のない時代に集まりの場所として長い間使用された。亡くなられた前住職の言葉を借りれば「昔は会議や飲み会などの集まりが毎日あった」。そのために、地元住民が寺院Ｂについて「我々のお寺」という意識が非常に強い。その一方、「お寺はみんなにとって心の拠り所だと思う。私たちもできるだけのことをして、みんなのためにここを守りたい」と坊守がいう。

では、この寺院Ｂもサードプレイス８つの特徴に沿って考察してみよう。

①中立

寺院Ｂでの雑談の内容は日常のできことが最も多い。参加者（お寺同士など）により、時々仏教的な話もされるが、全体的に占める割合が非常に低い。また、寺院Ｂにおける会話活動は、本堂ではなく、主に庫裡のダイニングキッチンで発生しているため、寺院Ａより、さらに場所上の中立性があると言えよう。よく来られている近所の方（80代・女性）は「この年寄りの話を聞いてくれるのは奥様だけ。コロナが怖くて、ここで愚痴をいって、きっと大丈夫だよと奥様に言われるとスーと安心する」と話していた。もう一人の男性（70代）が「前代の時から、どんな困ったことがあっても、ここに来て住職と相談していた。それにさ、坊守さんの料理がうまいから、俺だけじゃなく、皆が用事なんかないのに、ついつい来て、住職とお酒飲んでいた」と思い出話をしてくれた。このような発言からも中立性を読みとれる。

②平等

よく来る人の社会的地位はともかく、ここでは、地位に伴う権威を使用する必要性がなく、みんなお寺の客であるという意識が共有されているように、和気あいあいの雰囲気が保たれていると観察できた。近所の住民、さらに寺院Ｂの檀家も、それぞれ自分の仕事を務め、自分の社会的地位を築かれているが、寺院Ｂに入っていれば、そのような肩書きが一時忘れるように、平等な態度で会話活動が行われる。最初、筆者も大学の先輩の紹介で、この寺院に訪れたが、若い外国人の学生さんだと、よく来る人は筆者のことをそのように認識し、優しく接してくれている。「お寺は阿弥陀様の家みたいなもんやから、来る人誰でも阿弥陀様の客人、一緒一緒」と前坊守がよく口にしていた。

③会話が主な活動

日本の場合、一般的にいえば、寺院にいくことは葬式法要のためだと容易に連想される。寺院Ｂも例外ではない。しかし行事の前後に、地域の方が雑談して楽しんでいる場面が見られた。例えば、2021年の報恩講で、参加者数は30人に上った。説教の合間に、参加者がお互いに挨拶をし、コロナ禍の中の心配ごとや大変さを語り合っていた。一方、行事以外の時間にも単純に話したい、誰かと一緒にいたいといった思いで、来る人も多く見受ける。庫裡のダイニングキッチンでは、雑談するか、雑談しながらテレビ見るかというシーンが数多く観察できた。そのために、「会話が主たる活動」という特徴は寺院Ｂが備えていると判断できよう。

④アクセスしやすさ

前述したように、寺院Ｂによく来られるのは地元住民である。そのため、寺院に来るまでかかる時間が短い。また、決まった営業時間もなく、山門もないため、いつでも境内に入ることができる。その上、前坊守はいつもお茶とお菓子を用意しているので、「そこでの話は、永遠に続いていくの」と近所の方（女性・50代）が笑っていた。よって、寺院Ｂには、アクセスしやすさと会話活動に相応する設備があると言える。

⑤常連・会員

檀家、或いは門徒は、特定の寺院に出資し、その寺院から宗教的なサービスを受けていることから、ある程度に一寺院の会員と考えられる。したがって、寺院Ｂには会員と見なせるグループが存在する。しかし、ここでの活動、特に会話活動に参加しているのは、地域住民が主体となり、７回のフィールド調査によって、それが確認できた。そういった住民の参加者は、寺院Ｂの常連であると考えられよう。

⑥目立たない存在

何度も述べたように、寺院Ｂの会話活動はよく庫裏のダイニングキッチンで行われている。寺院とは言え、完全に住職家族の生活スペースであるため、普通の家のとはほぼ同じといえよう。飾らなく、地味な区間である。庫裏の外観も周りの家と同様なものであり、参加者の服装も日常的ものである。「目立たない存在」という特徴を備えていると観察できた。

⑦機嫌がよくなる

寺院Ａと異なり、寺院Ｂの会話活動は自発的な特徴がある。そのために、このような自発的活動は、楽しくない、要らないと感じられると消滅してしまう可能性がかなり高いだろう。そのために、長年寺院Ｂでの会話活動が存在していることは、ここでの活動を通して、参加者の機嫌がよくなっていることが想定できよう。また前述した参加者の話や参与観察からも参加者の「楽しさ」がよくわかった。

⑧第２の家

住職がいわば、「昔は、もっと勝手に人がはいってきて、自分でお茶やお酒を飲んでいる人や、縁側で横になっている人もよく見かけた。やはり今の時代は、寺院より楽しい場所がいっぱいあるし、皆も忙しいから、そのような人はもうほとんど見なくなった。でも、皆さんは時々来て、お話ししてそれなりに楽しんでいるよ」。つまり、「第２の家」に含む「帰属感、私物化、元気の再生、気楽、ぬくもり」という要素すべては寺院Ｂに存在していた。しかし時代とともに、私物化というのが消えていったが、残り４つはまだ残されている。

以上からわかるように、寺院Ｂも非常にOldenburgのサードプレイスと近い存在である。しかも組織された寺院Ａの活動よりは、時間的と物理的な距離上に、さらにアクセスしやすい。しかし一方、第二の家という帰属感に「私物化」が欠如しているため、サードプレイスを呼べるかどうかに懸念が生じる。

次節から、２つの事例から発見した問題点を整理する

5.4　問題点

以上の事例からわかるように、参加型寺院という形を取っている寺院Ａは、現代日本社会における寺院への認識を打破しようとしている。そのために、採用されている方法、特に終活カフェタイプ２は、Oldenburgの「サードプレイス」とかなり近い

ものである。実際、終活カフェタイプ２の活動様子から、サードプレイスの特徴のほとんどが見出せるが、やはりいくつかの相違が存在する。第一、「第２の家」の中身である帰属感と私物化が観察されなかった。帰属感の欠落は活動回数の少なさと非常に関連しており、私物化のなさも多少そこから来ているかもしれないと筆者が考えた。第二、参加時間の制限があるため、相応の設備があるものの、「アクセスしやすさ」にも欠如が生じる。

さらに、終活カフェタイプ２には、終活というテーマを挙げているため、参加者の属性をある程度に限定されてしまう。筆者が参加した時に、主催者と筆者たち学生を除けば、計５人の参加者がいた。その中に、女性の癌患者、１人暮らししている高齢の男性、近所に住む高齢の主婦、他寺院の僧侶がいた。つまり、参加者の属性には「自身は死に近い存在である」という共通している認識があるといえよう。そのために、自由に参加できる活動ではあるが、死と葬式に無関心の人や若い世代は参加しない傾向があると言わざるを得ない。

しかし、学生たちの参加感想を聞くと、「楽しかった、また行きたい、案外面白かった、様々な人の話を聞けてよかった」といった返事をもらった。そこから、自分の社会的属性と異なる人と出会うことは、若い世代にとっても、まれであり、貴重な機会であると筆者は考える。このような世代を超える出会いの場の提供もまた、寺院における可能性であろう。

一方、寺院Ｂは寺院Ａより、「アクセスしやすい」という特徴がよく観察できた。しかし「第２の家」には変化と変動があり、現在私物化という要素が備えていないのは参与観察より分かっている。

また、寺院Ｂは、会話活動への参加者、あるいは長年に形成された常連の存在は、サードプレイスの形成に良い影響を与えるが、外から新たな参加者が入りにくいこともありえよう。その上、人口流出により全体的に参加者数の減少と参加者の高齢化といった諸問題も寺院Ｂの運営とそのサードプレイス機能に影を落としている。坊守がいわば、実は、将来に向けて、寺院存続のために、より積極的に地域社会と関わっていきたいけれど、どうすればよいのかはまだはっきり見えていない。

6. 結論

6.1 まとめ

以上２つの事例研究を通して、「人の集まりの場」という伝統を有していた仏教寺院は、未だに、規模、地域などの差異を超え、人々に会話の場を提供していることがわかる。

また、２つの事例からサードプレイスの特徴が複数に見いだせたが、「第２の家」は、どちらの事例からも欠如を見受けているため、日本における仏教寺院はOldenburgのサードプレイスとは全く一致するものではないと認識できよう。

しかし、日本の仏教寺院はサードプレイスそのものではないが、非常に類似している機能を備えている。その上に寺院での出会いと集まりから、信頼、理解、ネットワークといったソーシャル・キャピタルが会話という活動によって生まれ、蓄積されていくことも、２つの事例を通して観察できた。従って、第３章で導出した仮説「寺院が現代日本社会におけるサードプレイスの１つになる可能性がある」が妥当であり、本研究の結論とする。

本研究は現代日本における仏教寺院という場に、どのような社会的役割を所有しているのかを探求するために、まず仏教寺院の社会的役割を「寺院は特定時空の下に置かれた社会で存続するために、仏教思想と伝統を基に、その社会と生活者の需要に応じて能動的に機能すること」と定義した。その上に、日本仏教寺院が歴史上に有していた社会的機能を調べた結果、寺院に「非宗教的集まりの場」という機能が形成されていることを発見した。また、「非宗教的集まりの場」を社会学的アプローチによって考察し、このような場所がソーシャル・キャピタルを醸成するサードプレイスと類似していると考えた。さらに２つの事例を選出し、サードプレイスの８つの特徴を用い、寺院はサードプレイスであるかどうかを考察した。そこで寺院はサードプレイスと同一ではないが、似たような機能が発揮できることを判明したため、現代社会においては仏教寺院がサードプレイスになる可能性があると結論付けた。

6.2　将来の展望

第４章に述べていたサードプレイス８つの特徴からわかるように、そのようなコミュニケーションの場を構築する物質的資源はそこまで必要としない。それは歴史上寺院が非宗教的集まりの場となった１つの理由だと考えられる。しかし一方、人を引き寄せ、さらに継続的な引き寄せは簡単ではない。特に長い間に形成された寺院と葬式に関連するイメージと宗教離れの社会風潮は、一般人の寺院へのアプローチを阻止している。

そのようなイメージと社会風潮の打破には住職をはじめとする寺族の努力が欠かせない。地域社会と向き合い、オープンな寺院づくりをすることは解決策であろう。しかし、事例研究から、時に宗教的なテーマも人を引き寄せる理由になっていることが見受けたため、寺院の宗教的な一面を、どのように、どこまで主張するか、あるいはしないかについて、運営側の考え方がオープンな寺院づくりにおいて、重要になってくるだろう。

さらに、少子高齢化などによる政府財政の緊張状態がこれからも続くと見込まれた今、公的福祉サービスの提供も日に限界を感じさせる。そのために、サードプレイスに近い機能をするオープンな寺院は場所と人のネットワークなど資源を有し、日本社会福祉の新たな可能性が潜める。

本研究に使用された事例は典型的でありながらも、数が少ないという欠点がある。そのために、筆者はこれからも、寺院という集まりの場に注目し続け、事例を収集し、分析していく。そこから、寺院での非宗教的集まりの場の形成プロセスを明らかにし、社会福祉を補完するオープンな寺院づくりにおいての具体的な方法を検討していく。

注

1. 本研究は、大阪大学人間科学研究科共生学系倫理審査委員会の承認を得て実施された。
2. Peter Ferdinand Drucker1973. *Management: Tasks, Responsibilities, Practices*（New York: Harper & Row）p.3.
3. 竹内亮（2016）『日本古代の寺院と社会』塙書房　p.203：知識とは共同で仏事を行う仲間のことである。
4. ここの純粋的社交は主に、会話のために会話するような人間行為を指す。
5. Oldenburg（2013）pp.64–97.
6. 毎日メディアカフェ
   http://mainichimediacafe.jp/eventarc/2455/（2021/8/29）
7. 同上
8. 市のホームページに掲載されている今年８月のデータにより。

参考文献

Coleman, James（1990）Foundations of social theory Belknap Press of Harvard University Press（＝久慈利武監訳（2004）『社会理論の基礎』上下巻　青木書店）

Drucker, Peter（1973）Management: Tasks, Responsibilities, Practices. New York: Harper & Row（＝上田惇生訳（2008）『マネジメント―課題、責任、実践』［上］［下］ダイヤモンド社）

Oldenburg, Ray（1999）The Great Good Place: Cafes, Coffee Shops, Bookstores, Bars, Hair Salons, and Other Hangouts at the Heart of a Community. Boston Da Capo Press（＝忠平美幸訳　マイク・モラスキー解説（2013）『サードプレイス――コミュニティの核になる「とびきり居心地よい場所」』みすず書房）

Putnam, Robert D（2000）Bowling Alone: The Collapse and Revival of American Community.

Simon & Schuster（＝柴内康文訳（2006）『孤独なボウリング—米国コミュニティの崩壊と再生』柏書房）

秋田光彦（2011）『葬式をしない寺：大阪・應典院の挑戦』新潮社

池上良正（2003）『死者の救済史—供養と憑依の宗教学—』角川書店

池田英俊（1989）「近代仏教の形成と「肉食妻帯論」をめぐる問題」『印度學佛教學研究』第三十七巻第二號　774–780

稲場圭信・櫻井義秀編（2009）『社会貢献する宗教』世界思想社

伊藤正敏（2008）『寺社勢力の中世—無縁・有縁・移民』ちくま新書

今原今朝男（2009）『中世寺院と民衆』臨川書店

岩城隆利（1999）『元興寺の歴史』吉川弘文館

宇治伸（2012）「日本村落構造の研究：富山県平村の宗教講と親族組織の構造（3）」高岡法科大学紀要23巻　1–39

大隅和雄編（2000）『中世の仏教と社会』吉川弘文館

大谷栄一編（2019）『ともに生きる仏教　—お寺の社会活動最前線』筑摩書房

大守隆・宮川公男（2004）『ソーシャル・キャピタル——現代経済社会のガバナンスの基礎』東洋経済新報社

片桐恭弘、石崎雅人、伝康晴、高梨克也、榎本美香、岡田将吾（2015）「会話コミュニケーションによる相互信頼感形成の共関心モデル」『認知科学』年22巻１号　97–109

久野修義（1999）『日本中世の寺院と社会』塙書房

粟津賢太（2017）『記憶と追悼の宗教社会学——戦没者祭祀の成立と変容』北海道大学出版会

黒田俊雄（1990）『日本中世の社会と宗教』岩波書店

小林重人・山田広明（2014）「マイプレイス志向と交流志向が共存するサードプレイス形成モデルの研究—石川県能美市の非常設型「ひょっこりカフェ」を事例として—」、『地域活性研究』５巻　3–12

五味文彦（1984）「勧進聖人の系譜」『院政期社会の研究』山川出版社

櫻井義秀・川又俊則編（2015）『人口減社会と寺院』法藏館

佐藤　毅（1973）「森好夫著　文化と社会的役割」『社会学評論』24巻３号　85–88

末木文美士（1996）『日本仏教史—思想史としてのアプローチ—』新潮社

島田裕巳（2010）『葬式は、要らない』幻冬舎

清水海隆（2003）『考察仏教福祉』大東出版社

高橋卓志（2009）『寺よ、変われ』岩波新書

竹内　亮（2016）『日本古代の寺院と社会』塙書房

田中健吾（2002）「心理学的ストレスモデルに関連する諸要因—ソーシャルスキル」小杉

正太郎編『ストレス心理学個人差のプロセスとコーピング』川島書店
趙梦盈（2019）「日本における仏教寺院の経営革新」『龍谷ビジネスレビュー』第20号　17–28
苫米地誠一（2008）『平安期の真言教学と密教浄土教』ノンブル社
中尾堯編（2002）『中世の寺院体制と社会』吉川弘文館
長上深雪編（2012）『仏教社会福祉の可能性』法藏館
中島隆信（2005）『お寺の経済学』東洋経済新報社
橋本英樹（2016）『お坊さんが明かすあなたの町からお寺が消える理由』洋泉社
橋本公雄（2010）「心理・社会的要因を媒介変数とする運動に伴うメンタルヘルス効果モデルの検証」平成21～23年度科学研究費補助金基盤研究（B）―平成22年度研究成果中間報告書　1–7
長谷川匡俊（2015）「共生の仏教福祉」『Journal of Kyosei Studies』第６巻　61–68
速水侑（1996）『日本仏教　古代』吉川弘文館
比叡山延暦寺監・湯原公浩編（2006）『比叡山　天台宗開宗千二百年記念（別冊太陽）』平凡社
藤森雄介（2014）『仏教福祉実践の轍』淑徳大学　長谷川仏教文化研究所
舟橋國男（2011）「サードプレイス考」『建築と社会』Vol.92（1069）12–14
本郷真紹（2015）「古代寺院と学僧」根本誠二他編『奈良平安時代の〈知〉の相関』岩田書院
町田佳世子（2007）「コミュニケーション遂行能力とストレスフルなコミュニケーション課題対処能力の関連」北海道東海大学高等教育研究　第２号　29–36
松崎恵水（2002）『平安密教の研究――興教大師覚鑁を中心として――』吉川弘文館
松尾剛次（2011）『葬式仏教の誕生』平凡社
松本茂章（2007）「地域ガバナンスの視点からみた文化施設の人的ネットワーク：劇場寺院・應典院を手がかりに」同志社政策科学研究９号　103–122
三沢謙一（1987）「役割理論の展開」『評論・社会科学』33号　77–89
森謙二（2010）「葬送の個人化のゆくえ――日本型家族の解体と葬送――」家族社会学研究22巻１号　30–42
山岸常人（2004）『中世寺院の僧団・法会・文書』東京大学出版会
湯之上隆（2014）『日本中世の地域社会と仏教』思文閣出版
吉田久一・長谷川匡俊（2001）『日本仏教福祉思想史』法藏館

（2022年２月２日　受理）

Possibility of becoming a “third place” in Buddhist temples

—Case study based on sociological concepts—

ZHAO Mengying (Osaka University)

Abstract

This study aims to explore what kind of social roles Buddhist temples in modern Japan have. Above all, the social roles that Japanese Buddhist temples had in history are examined. It is figured out that the temples, which have evolved over time, have been serving as “a place for non-religious gatherings.” Moreover, “a place for non-religious gatherings” is analyzed sociologically and found to be similar to Oldenburg's third place. Furthermore, two cases are selected to determine whether the temples are third places based on eight features of third place. Although temples are not the same as third places, they can perform similar functions. To conclude, there is possibility of becoming a “third place” in Buddhist temples. In other words, Buddhist temples can play the “third place” role in modern Japanese society.

Key words :

Buddhist temples, social roles, a place for non-religious gatherings, third place

〔研究ノート〕

人口減少社会における墓所管理等の祭祀の主宰に関する高齢女性の現状と課題
―九州地方の２つの市町村社会福祉協議会における墓守代行サービスから―

別府大学　佐々木隆夫

抄録

現代は、高齢夫婦（大都市に居住する子どもから見た場合の父母）が、地方都市に居住していることが多く、子どもが地方都市に戻らない限りは、人口が減少する。

家父長制的な墓所管理や祭祀権は、長男が継いでいたが、現代では長男が継ぐことができずに、なし崩し的に高齢女性が管理することになった。墓所管理する高齢女性も天寿を全うすることを考えると、祭祀の主催には、社会的サービス（墓守代行サービスや納骨堂等）を活用もあり得る。

ここから本稿の結論を示すと、次の３点になる。

第１に「一人っ子家庭の増加で、妻側の実家における墓所管理や祭祀権を誰が継承していくか」を継続研究とした。

第２に「何らかの社会的サービスを利用しても、遺骨の適切安置や散骨等の規制が必要になる」とした。

第３に「高齢女性が祭祀を主宰する際に、相談し、妥当な助言ができる社会的機関が必ずしも存在しないため、なんらかの助言機関を作ることが望ましい」と提言した。

キーワード：

高齢女性支援、墓守代行サービス、市町村社会福祉協議会

1　問題の所在

人口の少子高齢化と共に、人口減少社会になった。特に、地方都市の人口が減少している反面、東京一極集中の言葉にもあるように、大都市に居住する者は増加している。その理由としては、一般的に示される内容として、都市における利便性や、人口結節に伴う聚楽性が含まれ、反面、地方都市におけるいわゆる農村地域では、都市に比べて上述の利便性や聚楽性が乏しいことが挙げられる。したがって、地方都市に生を受けても大都市に進学や就職等で居住していることで、地方都市の人口維持は高齢

者が司ることになり、結果として人口減少は不可避となる。なお、ここで示す地方都市は、佐々木が示す地方都市の概念であり、「この場合の地方都市は、首都に対する地方ということではなく、概ね中核市以上の都市へ人口が流出する都市、近似する言葉としては『地方のマチ』」としているため、本稿でも同義として使用する[1]。

人口減少が続いた場合、最終的には集落や都市の消滅が予想できるが、地方都市の存続のためには人口の増加が不可欠である。しかし、人口を増加させようとしても、上述した大都市の利便性や聚楽性に乏しい地方都市では人口の増加は困難であり、維持するのも精一杯の状況とも考えられる。

ここで人口の増加という内容に着目した時に、多くの場合は定住人口の増加や維持を重んじることになるが、一方で、旅行や帰省等で一時的に地方都市を訪問する交流人口にも留意する必要がある。

交流人口の増加から地方都市を考えた場合、昨今の新型コロナウィルス禍がなければ、インバウンド需要等で国内外の観光客が地方都市を訪れ、地方都市の経済を活性化させるのと同時に、「ふるさと納税」の返礼品に伴い、国内における当該地方都市の認知度が高まったとも考えられる。これとは別の視点として、帰省という考え方をもとにすると、地方都市を訪れることは夫婦いずれかの実家に戻ることが大半であり、その地には、その家に伝わる代々の墓所があることが多く、必然的に墓参を行うことにもつながる。帰省と墓参を連動させて考えると、盆や年末年始の帰省が代表となるが、それは夫婦それぞれの祖父母や父母といった親類が地方都市に健在の時に行われていることであり、その親類が没した場合、地方都市に戻る理由が減少し、徐々に墓参等に向かう足が遠のいてしまうことも指摘できる。佐々木は「墓所や霊園は祭祀を媒介にして人を招く存在であり、人口減少があったとしても、『墓じまい』という言葉にある改葬を行わない限り、墓所（遺骨）は当該の土地に位置し続ける。したがって、墓所は遠く離れた場所に住む者（交流人口もしくは関係人口）、地域内で居住する者（定住人口）の両側から見た場合の結節ツールとして位置づけられる」と論じており、墓所は地方都市の消滅防止における最後の砦としても考えることができる[2]。

加えて、平均寿命の観点を合わせると、男性に比べて女性の方が平均寿命が長いということから、祖父母が没し、夫（大都市に住む子どもから見た場合の父親）が没した後は、妻（子どもから見た場合の母親）が、家の墓所管理をし、年忌法要等の祭祀を執り行うという権利（祭祀権）を有する。しかし、地方都市にいる老母も加齢に伴う能力の低下や認知症の発症等で徐々に墓所管理や祭祀の主宰が難しくなっているため、最近では墓守代行サービスが事業として盛況になってきている。

2　研究の目的

「1　問題の所在」で示した視点は、若年層が大都市を望む状況であり、地方都市には中高年が残り、地域の経済や暮らしを担っている社会的な背景を導いている。その地方都市での暮らしにおいて考慮する必要がある領域に祭祀（墓所管理や年忌法要）がある。例えば、盆時期（本稿ではグレゴリオ暦の８月とする）における帰省ラッシュやＵターンラッシュは、大都市から地方都市の実家に移動し、父母や祖父母、および進学前の学友と交を温める他、墓参や盆法要によって先祖供養を行い、盆期間の終了とともに大都市に戻るという、日本独自の季節イベントとも指摘できる。大都市で暮らす夫婦が同じ地区で結婚しているとは限らず、青森県と鹿児島県出身の夫婦であった場合、２年に１回の盆の帰省の可能性もあるが、その場合であっても、夫婦どちらかの実家における先祖供養を完全に排除することは難しい。圭室は「現在の寺院分布の大筋は、一四六七年から一六六五年にいたる約二〇〇年の間に、できあがっている。その間、各宗の伝道者たちは、血まなこになって農村に足がかりをもとめた。……①庶民との接触面が、葬祭を主とするものであったこと。②葬祭宗教としてすぐれている浄土・禅の諸宗が伸びていること。③他宗も葬祭仏教化することによって、かろうじて郷村の宗教化しえたこと。④葬祭を中軸に、寺檀の関係が強化され、寺院経済が安定したこと。などである」と示している[3]。つまり、現代における祭祀が、15世紀の葬祭と関与し、江戸時代の寺請制度を踏まえたうえで現状があることを考えると、盆法要は現代においても不可欠になると示される。

そのうえで現代の祭祀について、15世紀や江戸時代の寺請制度との違いを考えると、個人墓から一族墓という歴史の中では、一族墓の管理者は長男であった。しかし、現代の祭祀では、長男が地方都市を離れ、大都市に居住することから、必ずしも長男が管理するのではなく、地方都市に住む長男の父母が行い、平均寿命の観点から長男の父（地方都市で暮らす夫婦の夫）が先に没した場合、長男の母（地方都市で暮らす夫婦の妻）が祭祀を主宰し、墓所を管理したり、法要等を主宰したりすることになる。

その中で女性に焦点を当ててみると、該当する地方都市の女性は夫の没後ということで、中高年となっており、加齢とともに筋力や日常生活動作（Activities of Daily Living: ADL）が低下しつつあることや、これにあわせて判断力も低下しつつあることも指摘せざるを得ない。したがって民間事業体が行っている、いわゆる墓守代行サービスを活用することが求められる。後述することになるが、祭祀の主宰に関しては、その家々の裁量に任されるため、仮に祭祀の主宰ができないからといって行政による代行はない。

そのため本研究の目的を示せば、第１の目的として地方都市に居住する高齢女性が、墓守等の祭祀を主宰する必要がある経緯を歴史かつ文献から明らかにすることである。次に第２の目的として民間事業体が行う墓守代行サービスの活用を行い、墓所管理や年忌法要といった祭祀権を行使することの妥当性を導くことである。したがって本研究は、仏教が実社会で理解および運用される祭祀で、福祉学、宗教社会学、女性学の各々の立場から学際的に論じるため、特定の研究領域に依拠せずに、総合的に論拠を示す方針となる。

なお、副題で事例を設定すると記載しているが、事例で用いるのは、墓守代行サービスの場合は、鹿児島県姶良市、長崎県平戸市にあるそれぞれの市町村社会福祉協議会（以下、市町村社協）の事業である。

３　研究の方法と倫理的配慮

本研究の方法は、第１に文献研究を行い、第２に事例を示すという方法である。その研究方法に関する倫理的配慮は、文献研究の場合は、引用・参照等の出典を明確に行うこととし、剽窃が無いように対処する。

事例研究については、先方の資料が出されている場合は、その資料の出典を明示する。また執筆者撮影の写真については、撮影年月日を記載する。なお、本研究は墓所管理がベースとしてあり、事例として墓守代行サービス等が示されるため、墓所の場所は市域までとし、番地の記載を行わないことや、墓石に関して家族名、家紋、戒名を出さないこととする。加えて、人物の写真については目線を入れるといったことで個人の特定ができないようにする。したがって写真の画像加工が少なからず存在するが、例えば目線加工した場合、「本人の特定を避けるため、筆者にて画像加工（目線）を行った」等を記載する。

使用する写真について補足すると、本研究は2018年３月刊行の稿（長崎県佐世保市および西海市における終活セミナーの取材）からの継続研究にも位置づけられるということもあり、写真を流用する必要性がある[4]。理由として、当初研究では、写真（事業）に特定の役割しか見つけられなかったことが挙げられる。つまり当該写真を、本研究の視点で見ると、違う意味を持つということがわかったためである。したがって、写真の流用を行う場合、撮影日および初出刊行物を示し、自己剽窃を行っていないことを明示する。

事例研究における写真掲載および取材の情報の承認について、墓守代行サービスに関して、社会福祉法人姶良市社会福祉協議会事務局長（2016年８月25日付で承認：以下、姶良社協）、社会福祉法人平戸市社会福祉協議会事務局長（2017年３月１日付で承認：以下、平戸社協）の、それぞれより承認を受けている。なお写真の利用や取材情報に関しては、筆者が撮影した内容および取材した情報は、「研究に継続性があるため、引き続き承認する」という了解を、それぞれから得ている。

なお、使用する用語についてであるが、墓、墓所、墓地、墓石とそれぞれを本稿では使い分けるが、基本的に墓所を「遺骨が安置（埋葬されている場所）」とし、墓地を「霊園等の大規模な場所」と位置づける。ただし引用文献については、この限りでは無い。

4　明治時代以降の墓所管理に伴う現代社会に地方都市に住む女性の祭祀権

4.1　先行研究のレビュー

まず、「墓所管理」というキーワードを用いCiNiiで検索すると、３篇の論文がヒットする。そのいずれも、佐々木が行った2017年、2019年、2021年（2019年のみ相知との共同研究）の論文であり、それ以外の墓所管理とキーワードがあった論文は発見することができなかった[5,6,7]。佐々木の研究の特徴を示せば、2017年の研究はCCRC（Continuing Care Retirement Community: 元気な高齢者が移住し、新たな土地で暮らしていく生活共同体）に伴う既存の墓所を管理する難しさを示している。2019年の論文では、高齢者本人に対する行政の介護等サービスが没後全くなくなり、遺族支援が無くなることを示し、その際に墓守代行サービスが活用できることを社会福祉法人平戸市社会福祉協議会（長崎県平戸市：以下、平戸社協）の墓守代行サービスを事例として示している。2021年の論文では、少子化がこれから進んでいくと、一人っ子世代における婚姻が進んだ際、妻側の墓所が管理できなくなる可能性を社会福祉法人始良市社会福祉協議会（鹿児島県始良市：以下、始良社協）の事例を用いながら示している。

次に、「墓守」というキーワードを用いCiNiiで検索すると、33件のヒットがあり、当該領域に該当する内容では２件の確認ができた。１つは1976年の久武の論文であり、「現代社会においてもあととりには、長子を望んでいる傾向が見られる」という調査論文である[8]。「1　問題の所在」でも引用しているが、佐々木が2020年に発表した「平戸社協が始良社協の墓守サービスを参考にし、自地域で墓守代行サービスを行う際、都市学や地域福祉の点で必要であり、その事業成立過程を平戸市および始良市の現地調査から分析」した論文である[9]。

その次に、刊本からの先行研究を当たると井上が2003年に執筆した刊本があり、1990年代の九州における墓所および祭祀について執筆している[10]。この書籍では、離れて暮らす親子関係の場合のこと、九州では納骨堂が多いこと等が示されているが、

1990年代における状況を示しており、いわゆる墓守サービスの活用等については言及されていない。

このように、1976年当時の状況で久武は「あととり（後述の引用文献にはアトツギと同義であり、本稿ではあととりとする）」に長子を望んでいることを示している。1990年代の井上の考察を踏まえ、2010年代になってからの墓所管理の状況について検証すると、佐々木が事業所のサービス（墓守代行サービス）について論文執筆している。

一方、地方都市に住む女性に関しての視点に特化すれば、2021年の佐々木が示した論文でも墓所管理に関する現代の地方都市に暮らす女性への具体的サービスまでについての言及はされていない。したがって本研究において現代の地方都市に暮らす高齢女性が墓守代行サービス等を活用し墓所管理をし、祭祀の主宰に関する限界を示すことは、全くの新しい分野（オリジナリティ）と考えられるし、地方都市における市町村社会福祉協議会の収益事業の観点と合わせると、宗教領域（主に年忌法要を考えると仏教領域）を媒介とした地域福祉事業の発展性（事業発展および利用高齢者の権利擁護）が示唆できる[11]。

4.2　寺請の制度としての廃止と寺院地の墓所としての貸し出し―長男管理の経緯―

現代の墓所においては、〇〇家之墓といった家墓（家族墓）が中心であり、個人墓は少ない。例えば、時の施政者や有力者であれば、代々の墓として家墓を位置づけることができるが、いわゆる普通の民衆（庶民）を考えると、その原型は1612年に示された寺請制度に帰結する。寺請制度は江戸時代を通じて機能していき、江戸時代の民衆は先祖代々の土地で暮らしていくことが一般的であった。寺請制度は、宗教社会学の考え方からは、キリスト教排斥の視点からの各寺院への民衆管理が示されるが、一方で、葬祭に関しては、「2　研究の目的」で示した圭室の視点にあるように、寺院経済の発展に合わせて、地域に仏教が根ざしたことが挙げられる。加えて、代々の住民が代々の住職と葬祭に関する関係を持つことで、「ふるさと」が完成し、一族墓ができたことになる。

明治時代になり寺請制度が制度として廃止され、寺院経営の視点からは「檀家」として寺院をサポートする存在に、かつての寺請制度で管理していた民衆（被管理者）が役割変化したことを意味する。これは必ずしも「ふるさと」の寺院だけの話ではなく、明治時代以降の首都である東京でも同じようなことが行った。日本宗教學會・編では「今日迄移動常なき都會の信徒が寺院と關係を結び來りたる所以は、單に此の墓地があるが故であつたと云つても過言ではないのである。……玆に一の實例がある、……東京に於て屈指の大寺院の話である。其の大寺院の境內は實に數千坪の廣大なもので、其の一偶に三百坪程の不要の空き地があつて、……信徒有志相図り此の土地を整理し、墓地となす計畫と立て、其の筋の許可を得たのである。而して此の土地を碁盤型に區劃し、各一劃を一坪と定めるのである。……そこで此の一割を永代墓地として、使用料一千圓にて貸與することに決定した。……所が忽ちに申込みは豫定數を超過するの有様で、立ち所に三十萬圓の金が出來ることに成つた」と示し、民衆が寺院を経営的にサポートする位置づけになったことを裏付ける証拠となる[12]。

この視点と遺骨を遺族が管理する事象について、森は火葬の観点から示している。森は「明治期に墓地の新設が制限されたこともあって、特に都市部において火葬が浸透していった。火葬の浸透により、〈家〉構成員の焼骨をカロートに合葬する形態の墳墓が建立されるようになり、墳墓に家名が刻まれるようになった。この墳墓（合葬墓）を一般に〈家墓〉と呼ぶようになった。……明治民法上の〈墳墓を家督相続の特権〉として承継することが、……墓地埋葬の法制に大きな影響を与えた。まず、遺体や遺骨は〈家〉のものであり、〈家〉の祭祀の主宰者（アトツギ）が祭祀財産として遺体や遺骨の所有権を持つ……遺体や遺骨は〈家〉のものであり、その処分権は祭祀の主宰者（いわゆる〈家〉）の自由に委ねられたのであり、遺骨をどのように扱うか国家法が積極的に関与することはなかった」と示し、遺族による墓所管理についての原点を明治民法であると位置づけている[13]。

この明治民法で該当する条文が970条であり、次の通りである。

被相続人ノ家族タル直系卑属ハ左ノ規定ニ従ヒ家督相続人ト為ル

一　親等ノ異ナリタル者ノ間ニ在リテハ其近キ者ヲ先ニス
二　親等ノ同シキ者ノ間ニ在リテハ男ヲ先ニス
三　親等ノ同シキ男又ハ女ノ間ニ在リテハ嫡出子ヲ先ニス
四　親等ノ同シキ嫡出子、庶子及ヒ私生子ノ間ニ在リテハ嫡出子及ヒ庶子ハ女ト雖モ之ヲ私生子ヨリ先ニス
五　前四号ニ掲ケタル事項ニ付キ相同シキ者ノ間ニ在リテハ年長者ヲ先ニス

第八百三十六条ノ規定ニ依リ又ハ養子縁組ニ因リテ嫡出子タル身分ヲ取得シタル者ハ家督相続ニ付テハ其嫡出子タル身分ヲ取得シタル時ニ生マレタルモノト看做ス

この明治民法から、明治以降の墓所管理で示された概念が「長男が墓所を管理していく」という概念である。したがって明治民法の規定により墓所管理は家父長制の典

型として位置づけられ、「あととり」である長男が家土地だけではなく、墓所についても管理していく歴史が作られていくことになった。

別の視点になるが、森は葬送について「伝統的な社会で葬儀の実行者は地域で会った。多くの地域では、葬儀における互助組織である葬式組が、伝統的に組織化されていた。……じっくりと時間をかけて、葬儀から地域社会が手を引いていく。まず、明治以降の急速な火葬の受容がその第一歩となった。土葬のための『穴掘り』は『野働き』のなかでも最も重要な地域住民の役割であったが、火葬の普及により地域共同体から『墓穴掘り』の役割が解除され、遺体を墓地まで運ぶ葬列もなくなっていった。……葬送儀礼における地域兄弟対の役割低下は、葬送領域を社会領域から分離し、家族＝私的生活圏の枠組みに閉じ込めることを意味した」と示し、墓所管理の視点と合わせると明治以降において葬儀やその後の墓所管理に至るまでが家族による対応になり、原則として行政は介入しない構造ができていった[14]。

4.3　高度経済成長に伴う地方都市の人口減少

明治民法の時代は、第二次世界大戦後に改正されていくことになるが、制度は変わっても、人々の暮らしが朝令暮改的に変わるとは言えない。現行の民法897条の条文では、次の通りとなっている。

> 系譜、祭具及び墳墓の所有権は、前条の規定にかかわらず、慣習に従って祖先の祭祀を主宰すべき者が承継する。ただし、被相続人の指定に従って祖先の祭祀を主宰すべき者があるときは、その者が承継する。
>
> 2　前項本文の場合において慣習が明らかでないときは、同項の権利を承継すべき者は、家庭裁判所が定める。

つまり慣習として、長男が「あととり」であり、家土地および墓所を管理していくことは必然であったため、女性の祭祀権は現行民法に変わっても、法律はあれども祭祀が主宰されることが著しく少なかったと考えられるし、後述する高齢女性による管理が必然となった[15]。

この現行の民法を前提として、戦後のベビーブームからの流れを辿ると、昭和30年代になると「集団就職」にあるように地方都市から大都市へ長男以外の者が移住することが行われることになった。つまり、長男が家土地を継ぐために地方都市に残り、長男以外が大都市で雇用労働することで、大都市を中心とした核家族化が進展していくことになる。槇村は「都市部に出てきた人は、地縁も血縁もない地域に新たに住まうことになる。結婚して家庭をもてば、親と子の核家族を形成する。都市型・サラリーマン・核家族が作り出した生活が、高度経済成長期以降のライフスタイルとなったのである。……都市へ人々が流出しても、少なくとも近年まで長男、家のあとつぎといわれる人は地元に住み続けてきた。ところがその人達も出て行ってしまったのである」と示している[16]。

大都市における人口が多くなれば、何事にも競争力が高くなり、切磋琢磨の元で高度経済成長していったのは時代が示すとおりであるし、大都市においては都市化が一層進んでいくことになった。鈴木は「都市とは、国民社会における社会的交流の結節機関をそのうちに蔵している事により、村落と異っているところの聚楽社会である」と定義している[17]。この都市の定義から、子ども世代における結婚について検討すると、村落だけの段階であれば同じ地域で暮らしていた者同士が結婚する可能性が高いが、社会的交流および聚楽性の高い都市では必ずしも同じ地域で暮らしている者同士が結婚するのではなく、出身地方が異なる者同士が結婚し、新たな生活を営むことになる。その際も、都市部における教育費や生活費が高いため、一人っ子を持つ家族やDINKS家族になりやすくなる。しかし、地方都市にUターン就職等で移住するのかといえば、Uターン就職という用語が2021年現在でも使われているため、大都市に居住し続ける者が多くいることがわかる。

そうなれば必然的に地方都市においては、高齢化が進み、あととりの長男もいない状況が生まれ、老親が、その家土地および墓所を管理することになる。槇村は「……子どもたちはすべて都市に出ていてしまって、残ったのは老夫婦だけである。老夫婦が健在な間は墓を守った。ところが社会が高齢化するにつれて、ふと気がついてみれば、土地に残っているのは高齢者ばかりで、隣の人同士で助け合うにも人手がない」とし、地方都市における墓所管理の現状を著している[18]。

4.4　平均寿命を視点とした地方都市における女性の墓所管理等の祭祀権に関わる役割

2020年の平均寿命について、2021年7月30日に厚生労働省より公表された『簡易生命表』によると、男：81.64歳、女：87.74歳となり、女性が男性の平均寿命を6.11年、上回り、厚生労働省はこの6.11年という平均寿命差を「前年より、0.08年拡大している」と指摘している[19]。4.3で槇村が著している「老夫婦が健在な間は墓を守った」とあるが、実際には夫婦同時に死去することは無く、平均寿命の観点から夫が死去した後に妻が墓所を管理することが推察することができる。言い換えれば、墓所管理に関する役割の中で、男性が先に没することによって、女性が必然的に墓所管理することになるし、盆時期や年末年始で、都市部に住んでいる子どもや孫を迎える立場になると、法要等の対応といった祭祀の主宰をすることも女性の役割となる[20]。

このような経緯から、現代社会の地方都市においては女性の役割に墓所管理や法要等といった祭祀権が追加されていることになり、第１の研究目的である女性が祭祀を主宰するまでの経緯について明らかにした。

5　地方都市に住む女性による墓所管理や祭祀の主宰にむけた社会福祉協議会のサービスの展開

5.1　行政による葬祭支援の限界からの遺族としての女性の役割

行政が考える生活全体に関わる援助は、最低限度の生活を保障する生活保護法の扶助の種類によっても判断することができる。それは①生活扶助、②教育扶助、③住宅扶助、④医療扶助、⑤介護扶助、⑥出産扶助、⑦生業扶助、⑧葬祭扶助の計８つである。本稿で該当する領域を示すならば、⑧葬祭扶助であるが、葬祭扶助は火葬、埋葬までが対象となっており、墓所管理や法要については言及されていない。補足すると、身寄りがない者もしくは身元不明者に関して、葬祭扶助を利用し、火葬および無縁墓への埋葬を行うまでが葬祭扶助の役割であり、その後の法要については、埋葬地が寺院であれば、その場所を管理する僧侶の対処となり、葬祭扶助の範疇ではない。

すなわち、ここまでの経緯を踏まえて考えれば、最低限度の生活の中には埋葬までが行政の対応であるため、その後の墓所管理および法要等の祭祀の主宰は、遺族任せということになり、妻である女性がその役割を担うことになる。したがって地方都市に居住し、夫が先に没した女性にあわせて言えば「ADL が充足し、判断力が維持できる状態ならば、地方都市に住む女性は祭祀を主宰することができるが、ADL や判断力に低下がみられてきた場合、従来続けてきた祭祀を主宰することができないし、社会的サービスが無い状況で何もできなくなる」ことに留意する必要がある。

5.2　制度外の地域福祉（収益事業）としての墓守代行
―九州地方の２事例をもとにして―

上述したように夫が先に死去した妻が墓所管理や法要等の祭祀を主宰することになるが、その理由としては①今まで夫婦で行ってきたことを止めるわけにはいけない、②夫と暮らしてきて、様々な思いはあれども感謝の気持ちを表したい、③子どもたちは都会で暮らしているので自分が行わなければならない、等の気持ちを排除することはできない。

しかしながら、妻も現世に生を受けた者であり、いずれ死を迎える身である。仏教における四苦で示すのであれば、妻が墓所を管理する年齢は、老病死が連続して発生する状況になっており、妻が祭祀の主宰を望むのであれば誰かの援助を受ける必要がある。

ここで考えられる支援が民間事業体の墓守代行サービスである。墓守代行サービスは、近年、葬儀社や墓石店といった営利事業体が行っているのは周知の事実でもあるが、地方都市の中では、交通の事情で営利事業体が入らない地域もある。また、営利事業体が参入する前から地域の問題として気づき、地域福祉の一環かつ自事業所の収益事業として参入した団体があり、それが市町村社協である。市町村社協は、社会福祉法人であるために、地域の社会福祉の推進に努力することは必要である。その上、独立して経営をすることも必要である反面、過度の営利を追うこともできない。

今回事例として取り上げる姶良社協や平戸社協は、それぞれ営利団体が当該問題に参入する前から、もしくは離島を抱えるが故に営利事業体が参入しないという経緯で墓守代行サービスを事業展開している。

5.2.1　姶良社協における取材

2016年８月25日に、姶良社協の墓守代行サービス（姶良社協では墓守サービスという名称のため、当該名称を用いる。）に関する取材を行った。なお、サービスの概要は、図１の姶良社協が示すパンフレット（ウェブサイトにPDFで掲載）を確認されたい。

墓守サービス

墓参りの代行いたします。

始良市社会福祉協議会が承ります。

※お盆・正月・彼岸（2回）には写真を撮り・
年1回お墓の現状等お知らせいたします。

こんな方に便利です。

○ 遠方にお住まいでなかなか墓参りができない。
○ 体が不自由で墓参りが困難。
※ どなたでもご利用できます。ただし，始良市内の共同墓地に墓を所有している方に限ります。

墓守サービス金額表

区分＼花	しば ひば	榊	しば・ひば 年花2回（盆・正月）	榊 年花2回（盆・正月）	しば・ひば 年花4回（盆・正月・彼岸）	榊 年花4回（盆・正月・彼岸）	生花
毎週1回	35,330	55,660	38,780	59,110	42,230	62,560	109,480
隔週1回	24,560	34,730	28,010	38,180	31,460	41,630	61,640
月1回	18,770	23,460	22,220	26,910	25,670	30,360	35,880
彼岸の２回と盆と正月	15,460	17,020	18,910	20,470	22,360	23,920	21,160
彼岸の２回	14,630	15,410	18,080	18,860			17,480
盆と正月	14,630	15,410	18,080	18,860			17,480

平成２６年４月から適用（税込価格）

社会福祉法人 始良市社会福祉協議会
本　所 〒 899-5432 鹿児島県始良市宮島町26-19
TEL (0995)65-7757 FAX (0995)64-5440
加治木支所 〒 899-5215 鹿児島県始良市加治木町本町393
TEL (0995)62-2041 FAX (0995)62-2358
蒲生支所 〒 899-5305 鹿児島県始良市蒲生町白男347
TEL (0995)52-1400 FAX (0995)52-1407

詳細については
お電話ください。

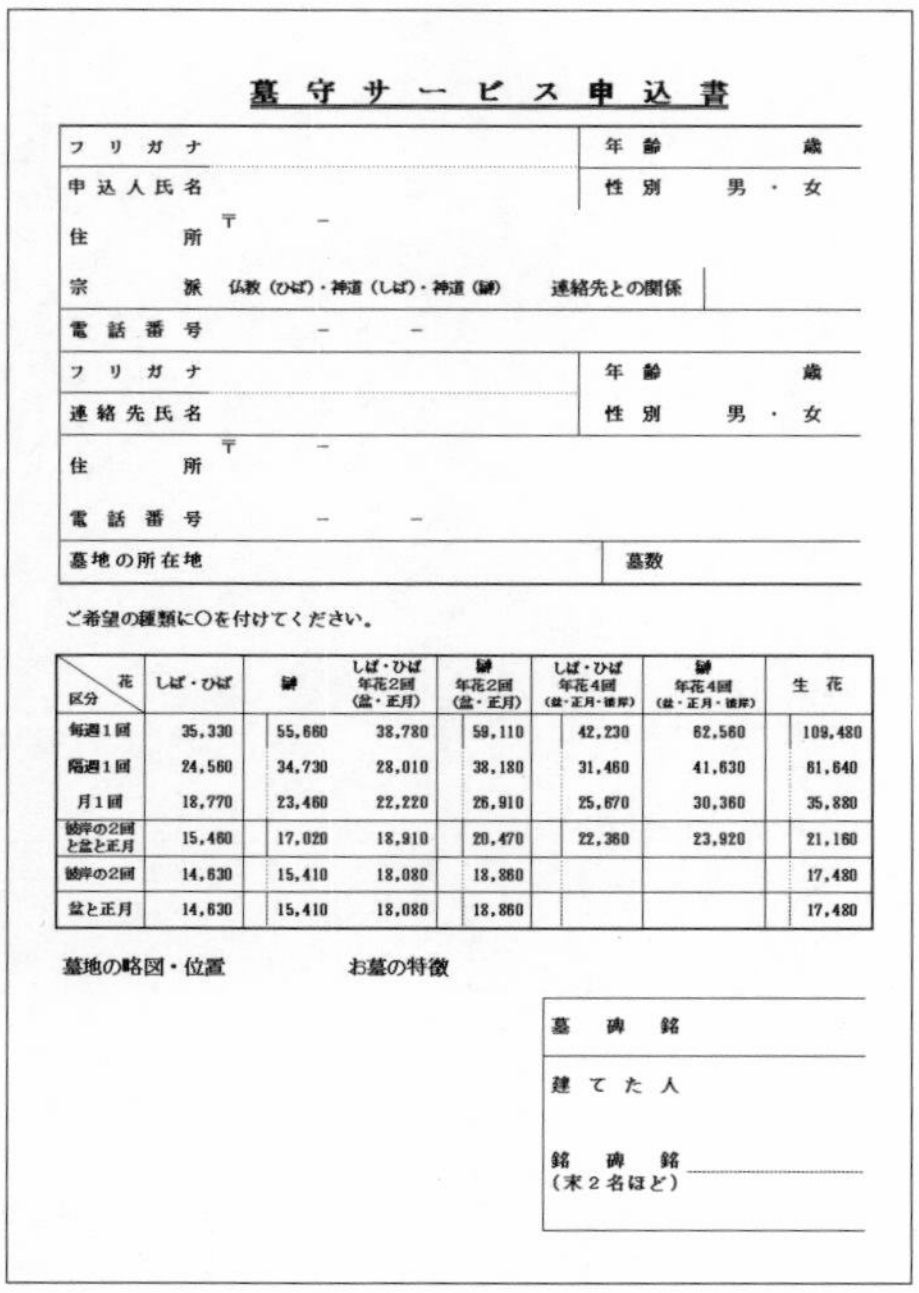

墓守サービス申込書

フリガナ　　年齢　　歳
申込人氏名　　性別　男・女
住所　〒　－
宗派　仏教（ひば）・神道（しば）・神道（榊）　連絡先との関係
電話番号　－　－
フリガナ　　年齢　　歳
連絡先氏名　　性別　男・女
住所　〒　－
電話番号　－　－
墓地の所在地　　墓数

ご希望の種類に○を付けてください。

区分＼花	しば・ひば	榊	しば・ひば 年花2回（盆・正月）	榊 年花2回（盆・正月）	しば・ひば 年花4回（盆・正月・彼岸）	榊 年花4回（盆・正月・彼岸）	生花
毎週1回	35,330	55,660	38,780	59,110	42,230	62,560	109,480
隔週1回	24,560	34,730	28,010	38,180	31,460	41,630	61,640
月1回	18,770	23,460	22,220	26,910	25,670	30,360	35,880
彼岸の2回と盆と正月	15,460	17,020	18,910	20,470	22,360	23,920	21,160
彼岸の2回	14,630	15,410	18,080	18,860			17,480
盆と正月	14,630	15,410	18,080	18,860			17,480

墓地の略図・位置　　お墓の特徴

墓碑銘
建てた人
銘碑銘
（末２名ほど）

（図１）姶良社協の墓守サービスパンフレット（表裏）
（https://www.shakyo.or.jp/hp/business/download.php?s=1754&a=4683よりのファイルを掲載）

当日は、朝７時から業務が始まり、作業員２名（男性：定年後雇用）に同行した。作業員からは、「姶良市は、鹿児島中央駅まで自動車で20分程度のベッドタウンであるが、既存の住民における若年層が大阪等の大都市に居住するために既存住民の高齢化と、新たに鹿児島県内の地方部から鹿児島市内で働く若い世代が姶良市に居住するという人口構成」と聞き、世代間の血縁的なつながりが少ない状況といえる。また作業員からは「実際にサービスを利用するのは、妻か、子どもたちが多いが、実感としては妻の足腰が年齢的に動かなくなってサービスを利用しているように感じる。またサービス全体を通じて、感謝の意を表されることが多い」と聞いている。

この日の業務は、午前７時から午後３時までの間に29基の墓所への業務を行った。その業務は、墓所（墓石と領域内）を清掃し、活けていた生花等を回収することや、それぞれの遺族が選択した生花等を活けてくる業務であり、盆明け最初の業務となっていた。

写真１は、墓守サービスが終了した後の墓所を写しているが、周囲と比べると明らかに清掃されている。

（写真１）墓守サービスを終了した直後の墓所

（2016年８月25日：筆者撮影　※墓石等に画像加工あり）

初出：佐々木隆夫（2017）「日本版CCRC構想に伴う介護移住を視点とした墓所管理の課題」『長崎国際大学論叢』17、171。

この写真は、初出の研究では、墓守サービスによって墓所が清掃されたことを示しているが、本研究では次の視点がある。１点目の視点として、８月16日に盆明けとすると、写真の墓守サービスを行った墓石以外に確認できるだけで６カ所に生花が活けてある。８月の姶良市内は連日35度以上であることを考えると、生花が元気であるとは考えづらい。つまり遺族の誰かが墓参をしていることになるし、姶良市の状況から老夫婦が行い、場合によっては夫が先に没した妻が管理していることが予想できる。２つめの視点として、墓守サービスを利用する場合、図１に「体が不自由で墓参りが困難」や「毎週１回」という文言を確認でき、「墓所管理は欠かせない」と考える遺族が少なからずいることになる。

5.2.2 平戸社協における取材ー電話による追取材を含めてー

平戸社協は、2018年より墓守代行サービス（平戸社協は、この名称を使用している）を開始しているが、姶良社協のサービスを参考にしてサービスを開始した。特に、平戸社協の場合は、的山大島（平戸港よりフェリーで40分：５便／日）を、最初のサービス展開地と考えたこともあり、交通事情が悪かった。そのため若年層は福岡市等へ出て行くし、営利事業所は入りづらいことで、平戸社協が収益事業の一環として行うことになった。

事業の方針自体は、姶良社協と類似することになるが、生花のみならず造花を入れることや、仏教や神道の墓所だけでは無く、キリスト教墓への対応が可能になっている。

この平戸社協のサービスに関して、宗教社会学的観点および女性学的観点の２つの視点で考えなければならない事例がある。

その事例として、宗教社会学的観点は次の通りである。平戸社協がサービスを開始する前（2017年２月）、的山大島に平戸社協と共同調査を行った。その際、島内の浄土宗住職より、次のことを打ち明けられた。住職は「墓守代行サービスを行っていただけるのはありがたい。しかし、この事業は10年、20年単位で行い、採算の観点から事業停止するのは、遺族感情もあるので控えてほしい。行うならば50年、100年単位になると考えている。こちらも江戸時代からの過去帳の有効性について悩んでいる」と話した。つまり、住職の代が変わったら墓所管理に関して、次の住職の考え方が変わっている可能性があり、言うなれば永代供養の概念が崩壊している現状が見られたことである。これを一事例と片付けることは難しく、住職が寺院に住んでおらず、複数寺院を管理することは昨今では多くなってきているし、場合によっては廃寺もある。そのため、この住職の言質は、日本全体で考えなければならない。

本稿で示した祭祀の主宰に伴う女性の役割追加といった観点（女性学的観点）としては、サービス開始後の2021年５月に的山大島で勤務および居住する平戸社協の女性職員に電話取材したところ、次のような回答が得られた。「サービス自体の認知度は島内で進んできているが、まだ利用者が少ない現状である。私自身が、それなりの年齢の女性であることもあり、墓の問題は嫁ぎ先の墓だけでは無く、実家の墓も対処しなければならない。妻の実家の墓については、事業として、今後考えなければならない課題である」という取材結果であり、地方都市で高齢女性が墓所を管理していても、明治民法における「祭祀の長男継承」の考え方が残っていることが指摘できる。この件についても一例報告という指摘もできるが、平戸社協という法人が墓守代行サービスを事業として行うならば、市町村社協といえども採算度外視のことはできないし、利用する者が少なからずいるという社会背景を考えなければならない。つまり墓所管理が平戸市だけで行われているのではなく、日本全国で行われていることを考えると、類似するケースは多々あると推察できる。

5.2.3　2つの社会福祉協議会における取材まとめ

墓守代行サービスを始良社協、平戸社協の事例を通じて示してきたが、両社協であっても墓所や墓石の清掃や維持、要修理箇所の遺族への伝達で終了している。つまり、法要等の祭祀の主宰については、遺族感情や作業員の価値観等の問題もあり得るため、機能し得ない。したがって、地方都市に住む高齢女性は墓守代行サービスを利用しての墓所管理のみが社会的サービスとして利用できることになる。つまり第2の研究目的にある祭祀の主宰で法要に関わる領域では社会的サービスが対応できず、墓所管理のみが限界であることがわかった。

6　結論と今後の課題

日本が人口減少社会になって久しい。特に地方都市においては合計特殊出生率が首都である東京に比べて高いにもかかわらず、若者の都市への人口流出がある。特に本研究では、墓所管理と法要等の祭祀の主宰について、女性が何故行う必要があるのか、高齢女性が自らそれらを実行できなくなった場合に、どのような社会的サービスを利用できるかについて論じてきた。

様々な文献を総合して検討したように、本稿の結論としては、「地方都市に住む女性は明治民法以来の葬祭（墓所管理や法要等の祭祀の主宰）に関わる領域で家族（遺族）が対応することや、行政がサービスを提供することがない現状で、かつ子どもたちが大都市で暮らすことを考えると、夫婦健在の間は夫婦で墓所管理や法要等の祭祀を主宰するのが当然となる。その上で、夫が没した後は妻が単独で対応することになるのは必然の流れとなる。人口の大都市集中および地方都市の人口減少が進む状況が今後も続いていくのであれば、地方都市の高齢女性による墓所管理や祭祀の主宰は不可避の状況」である。

視点を変えて、高齢女性だけに限定するのではなく、人間誰しもいつかは、少なからずADLや判断力が低下していくことを考えると、社会的サービスを利用することが求められる。その代表格となるのが墓守代行サービスである。しかし本稿で示しているとおり、墓守代行サービスは墓所の清掃や維持、修繕箇所の報告まではできても、法要等を行うことは現実的にできない。したがって法要等の祭祀の主宰には、家族が対処するしかないことを示したい。つまり、現時点における墓守代行サービスの限界が示されたともいえる。

この状況を踏まえ、今後の課題を示すのであれば３つの点が挙げられる。１つめは、平戸社協との電話取材によって明らかになった妻側の実家における墓所をどのように管理するかといった視点である。これは、合計特殊出生率が2.0を切っている現状において、一人っ子が増えていることにも留意することからも導ける。5.2.2にある平戸社協との事例の項（女性学的観点）で示しているとおり、地方都市において女性が墓所管理をすることを前提としても、明治民法の長男相続の考え方が根強く残っているといった点が、妻側の実家における墓所管理の課題となり得る。特に、「２　研究の目的」でも示しているように一人っ子が同じ地域で生まれ、それぞれが結婚するならば、夫婦が行う墓所管理が比較的容易とも言えるが、例えば青森県と鹿児島県の出身者同士が東京で結婚し、夫婦で暮らしていくとなると、それぞれの実家における墓所管理や法要等を行うことが難しくなる。特に、墓所の長男相続の考え方が優先されるのであれば、妻側の墓所は「墓放置」状態になるため、今後の研究が必要になる。

２つめは、１つめの墓放置の課題にも関わるが、墓じまいや散骨に関する遺骨の扱いとなる。高齢女性で墓所を管理する者がいなくなると、必然的に墓じまいを行い、寺院等の管理業者と然るべき契約を行い、納骨堂を利用した永代供養をお願いすることにもなろう。しかし、これも5.2.2にある平戸社協との事例（宗教社会学的観点）で示したように、永代供養の概念が変わっていて、死後相当の年月が経過したときに、契約通りの永代供養ができているのか定かでは無い。納骨堂の問題で特にタワーパーキング様の納骨堂の利用に対して、佐々木・相知は「タワーパーキングのような納骨堂は、一般的に永代供養を謳っており、大都市の主にターミナル駅から近い場所に位置するため、多くの利用者がある。しかし納骨堂の建て替えは、建物の経年劣化があるため、必ず発生する事案である。もちろん納骨された遺骨は建て替え後も納骨堂管理者業者（sic）が管理していくことになる。このとき、全ての建て替え費用を納骨堂管理業者が負担すれば問題は無いが、遺族負担を求めることもあり得る。遺族は永代供養料を納めている、場合によっては遺族が存在しないといったような場合、遺骨が適切に安置されるのかといった疑問が生じる」としており、遺骨の対応に関して納骨堂管理業者等への規制が今後必要になっていく可能性を指摘したい[21]。

それならば樹木葬や海洋葬の散骨といった形式を用い「全てを自然に帰す」という考え方もあるが、火葬された遺骨（焼骨）には、火葬炉の台（ステンレス）と反応し、焼骨に六価クロム等の有毒物質が付着していることに留意する必要性がある。つまり、単純に樹木葬や海洋葬を行おうとすると、土壌汚染や水質汚濁の原因となる。そのため、中和処理が必要になるが、散骨に関する規制が無い以上、中和処理を行わずに散骨を実施している事業者がいても不思議ではないため、規制について考える必要がある。

ここまでの２つの点を合わせて、３つめの課題を示すならば、高齢女性が１人で自分が没した後の墓所管理や祭祀について悩む状況で、相談を受け、妥当な助言ができる社会的機関が、必ずしも存在しないことである。例えば、昨今では葬儀社やファイナンシャル・プランナーによる終活セミナーが、多々開催されているが、必然的に営利性が含まれることや、万一霊感商法等に関わる悪徳業者が入ったとしても、各事業所における終活セミナーの妥当性を検証することが現実的にできないことが挙げられる。発展的な課題として示すならば、夫が先に没し、子どもがいない、もしくは遠方に住んでいる高齢女性の相談窓口を行政等の然るべき機関が設置し、相談業務を行うことが必要となる。その場合、市町村社会福祉協議会を利用し、金融（遺産）や不動産（墓所）といった資産管理を扱うファイナンシャル・プランナーと、高齢者の権利擁護を司る社会福祉士の連携も一考の価値がある。例えば、市町村社会福祉協議会の収益事業として、本研究を通じてになると高齢女性に多く焦点が集まるが、高齢者を対象にしたセミナーや権利擁護に関する活動についても、新規事業となり得るということになる。

これら３つの課題については、仏教を媒介にした福祉学、宗教社会学の連携だけではなく、女性学、経営学、都市学等の学際性が求められ、漸進しながら研究していく必要性がある。本研究では、地方都市における高齢女性の対処と課題を明らかにすることができたが、今後もここで示した課題を調査および分析していくことを示し、本稿を終了する。

（謝辞）

本研究に関して取材許可等の情報を提供していただいた「社会福祉法人姶良市社会福祉協議会」、「社会福祉法人平戸市社会福祉協議会」の両組織には記して謝意を表したい。

註および引用

1. 佐々木隆夫（2020）「長崎県平戸市における地域福祉の観点を含めた墓守代行サービスの役割―地方都市の消滅防止を視座として―」『日本都市学会年報』53、113。
2. 佐々木隆夫（2020）前掲、119。
3. 圭室諦成（1963）『葬式仏教』、大法輪閣、210。ただし、本研究では2004年の復刻版を利用している。
4. 佐々木隆夫（2018）「介護福祉士の指導業務における終活支援の必要性―介護事業所の経営戦略からの視点を含めて―」『長崎国際大学社会福祉学会研究紀要』13・14（合併号）、16–30。
5. 佐々木隆夫（2017）「日本版CCRC構想に伴う介護移住を視点とした墓所管理の課題」『長崎国際大学論叢』17、163–174。
6. 佐々木隆夫・相知清隆（2019）「地方都市の維持を焦点にした墓所管理に関する地域福祉援助の展望―長崎県内の取り組みを事例として―」『長崎国際大学社会福祉学会研究紀要』15、22–35。
7. 佐々木隆夫（2021）「現代家族における墓所管理に伴う祭祀権の行使に関する課題―婚姻先の「妻」と実家の「娘」の役割の併存から―」『長崎国際大学社会福祉学会研究紀要』17、22–33。
8. 久武綾子（1976）「財産分けからみた親子関係の意識と実態（第３報）：あととり問題，学資分けについて」『家政学雑誌』27（1）、68–72。
9. 佐々木隆夫（2020）前掲、113–120。
10. 井上治代（2003）『墓と家族の変容』、岩波書店。
11. 本稿では地域福祉の定義について、「ソーシャルネットワークを活用することができる、有形無形の活動」として定義する。市町村社会福祉協議会における事業は社会的なサービスであり、地域福祉として捉えている。
12. 日本宗教學會・編（1925）『現代寺院經營法』日本宗教學會、23–24。
13. 森謙二（2014）『墓と葬送のゆくえ』吉川弘文館、118–120。
14. 森謙二、前掲、102–106。
15. 民法897条における「慣習」という用語について、本稿執筆に伴い、法律学を専門とする大学教員に確認したところ、「あくまで祭祀主宰を継承する者を指す者であり、祭祀の表現や具体性を指しているものではない。なお、祭祀に関しては主宰という用語の使用が妥当」と受け、本稿からは「祭祀の主宰」とする。ただし、かつての研究発表は当時使用した用語を用いる。
16. 槇村久子（1996）『お墓と家族』、朱鷺書房、55。
17. 鈴木榮太郎（1969）『鈴木榮太郎著作集Ⅵ　都市社会学原理』、未来社、79。
18. 槇村久子、前掲、56。
19. 厚生労働省（https://www.mhlw.go.jp/toukei/saikin/hw/life/life20/dl/life18-02.pdf）を参照。

20. 傍証としての位置づけとなるが、2021年に女性学の関連学会で口頭発表をした際に、当日の分科会座長より、「墓所管理は、明治時代以降、長子管理が行われており、家父長制の典型とも考えられているが、現代社会では、なし崩し的に女性が管理することになった」と助言を受けている。

21. 佐々木隆夫・相知清隆、前掲、32。

参考文献

※著者アルファベット順。註で示した文献等を除く。

一条真也（2015）『永遠葬―想いは続く―』、現代書林。

一条真也（2015）『唯葬論―なぜ人間は死者を想うのか―』、三五館。

村山廣甫（1994）『先祖をまつる』ひかりのくに。

中川專精（2012）『なんのために法事をするのか』法藏館。

撫尾巨津子（2007）『お寺は何のためにあるのですか？』、法藏館。

桜井徳太郎（1969）『民俗民芸双書41　宗教と民俗学』、岩崎美術社。

鈴木隆泰（2013）『仏典で実証する葬式仏教正当論』、興山舎。

常松洋介（2021）「大都市自治体行政における仏教的手法との協働による独居高齢者の社会的孤立問題への支援について」『日本仏教社会福祉学会年報』51、15–31。

吉原浩人（2006）『東洋における死の思想』春秋社。

湯浅泰雄（1999）『日本人の宗教意識―習俗と信仰の底を流れるもの―』、講談社学術文庫。

（2022年 1 月23日　受理）

The Current States and Problems about Hosting of Rite Right on Management in their Tomb by Elder women in the Depopulating Society

;Using Two Cases of Tomb Keeper Service
by each Councils of Social Welfare in Kyushu

Takao SASAKI (Beppu University)

Abstract

Many elder couples live in some local town. The town has the problem of population decline. When their children will not come back their home town, the town will be extinction with the death in their parents. In particular, elder women, who live in local town and lost her husband, got some rights in rite or tomb management, because it is affected by the population decrease in local town.

On the other hand, that women will die in the future. But many cities or towns don't have administrative services or consultation place about tomb management. So, the women use the service of private sector in tomb management, for instance, clean their tomb, flower management, and so on.

The author concluded 3 points.

The 1st point is that there are problems with the management of the tomb at the matrilineal family.

The 2nd point is that influences of population decline have no manager of the tomb in the future.

The 3rd point is that we will make some social supporter about tomb management and religious advice.

Key word :

Supports for elder women, Tomb management, Council of social welfare

〔実践報告〕

仏教系大学の学生による防災活動支援の意義と展望
―寄り添い・学び・ともに進む―

龍谷大学大学院社会学研究科　三上　民喜
龍谷大学社会学部　栗田　修司

抄録

龍谷大学では、2017年度から社会学部の全学科が共同で運営する正課教育「社会共生実習」をスタートし、その中のプロジェクトのひとつとして、災害に対応するための自助・共助・公助を学ぶ実践教育「The First Aid」を実施した。このプロジェクトでは、学科や学年をこえた学生が地域の連携機関等と協働し、数多くの防災活動支援を行った。これらの活動は、龍谷大学独自の「仏教SDGs」の取り組みを進める中で重要なものとなった。特に、「小学生ぼうさい探検隊マップコンクール」への応募作品作成サポートや自治体の総合防災訓練における聴覚障がい者への支援では、仏教的人間観に基づく龍谷大学独自の視点を生かして「寄り添い・学び・ともに進む」活動を行い、関係方面から高い評価を受けた。これらの活動は、SDGsのターゲットである脆弱な立場にある人々への防災・減災の取り組みを進める上で、仏教系大学の学生の特色を生かした防災活動支援の在り方として、重要な示唆を得るものとなった。

キーワード：
防災活動、学生、仏教、寄り添う

Ⅰ　はじめに

龍谷大学では、2017年度から社会学部の全学科が共同で運営する正課教育「社会共生実習」をスタートさせた。その中のプロジェクトのひとつとして、災害に対応するための自助・共助・公助を学ぶ３年間の実践教育「The First Aid」を栗田が企画した。このプロジェクトに、大学院で社会福祉学の視点から消防・防災について研究している元消防職の三上がアシスタントとして参加した。「The First Aid」では、学科や学年をこえて学生がともに学び、地域の連携機関等と協働し、数多くの防災活動支援を行った。また、これらの活動は、2015年第70回国連総会で採択されたSDGsの目標11「住み続けられるまちづくりを」及び目標13「気候変動に具体的な対策を」のターゲットのひとつにもなっている。今回、SDGsと仏教の精神を結び付ける龍谷大学独自の「仏教SDGs」の取り組み（図１）をふまえて、仏教社会福祉の視点から学生による防災活動支援の意義と展望について報告する。

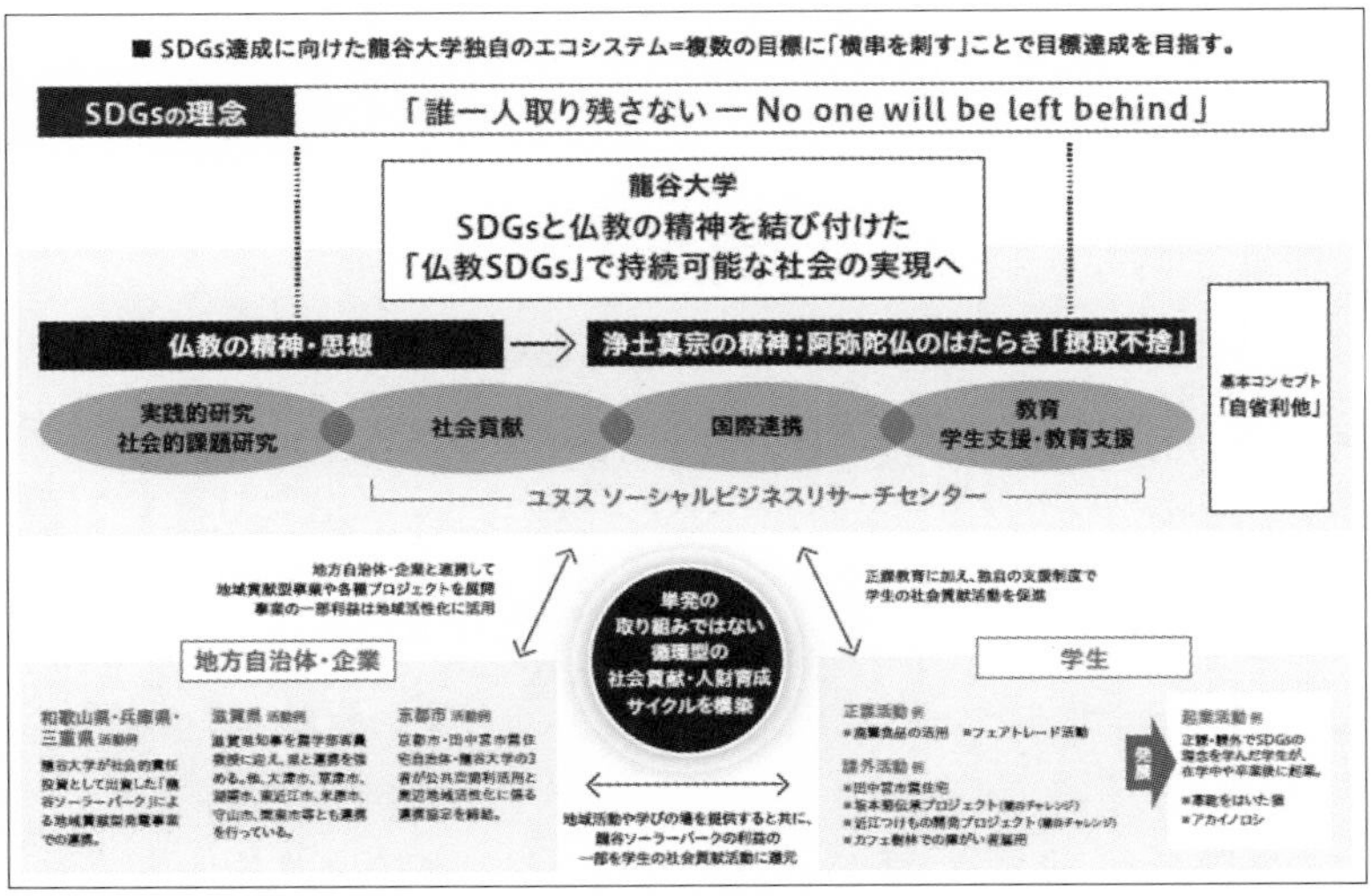

図１　仏教SDGsの取組スキーム

出典：龍谷大学ホームページ「龍谷大学におけるSDGsの取り組み」
https://www.ryukoku.ac.jp/sdgs/

Ⅱ　方法

受講生は、２年生以上の社会学部社会学科、コミュニティマネジメント学科及び現代福祉学科の学生を対象として、2017年度から2019年度まで毎年度募集した。［受講生2017年度：２名、2018年度：３名（うち継続２名）、2019度：５名（うち2017年度からの継続２名)］プロジェクトの期間が３年間に限定されたため、学生の受講期間は最低１年、最長３年の受講期間となった。また、カリキュラムは、受講年数に応じて、「基礎」「応用」「発展」と防災活動について段階的にステップアップできる内容として編成（表１）し、受講年数の異なる学生間の協調や連携を図るためのディスカッション等の場を設け、ワンチームで活動できる工夫を行った。同時に、単年度のみの参加者にも配慮して、前年度までの目標（「基礎」や「応用」）を単年度内に同時に学べるようにも工夫した。また、各年度に被災地などを実際に訪問し、現地で生の声を聴き、防災活動に生かす取り組みも行った。

これらの活動について、地域の連携機関等から高い評価を受けた代表的な事例を抽出し、社会共生実習報告書（龍谷大学社会学部2020）等をもとに、学生の視点から「寄り添い・学び・ともに進む」活動状況に着目して分析した。なお、倫理的配慮として、活動状況を示す写真の使用にあたっては、学生、関係消防職員に対して、本報告の趣旨等を説明し、同意を得た上で掲載した。また、その他、学童保育施設の子ども、聴覚障がい者および某市担当課の職員等については、匿名性を確保するための配慮を行った。

表1　社会共生実習「The First Aid」の状況

3年間の実習内容

	2017年度	2018年度	2019年度
受講生	1年目の学生（2名）（消防防災サークルの3名随時参加）	1年目の学生（1名）・2年目の学生（2名）	1年目の学生（3名☞2名）・2年目の学生（0名）*・3年目の学生（2名）
段階	基礎	応用	発展
教育目標	自助	共助	公助・総合
教育方法	自ら学ぶ **講義・見学・訓練・視察**	共に学ぶ **教える体験・参加・被災地視察**	伝え創り出す **参画・提言・被災地視察・報告**
主な教育現場	**講義：**学内講義（教員・アシスタント・学外講師）・消防局・地域防災訓練 **見学：**消防局・各種教育施設・地域防災訓練 **視察：**滋賀県彦根気象台・消防団等	**教える体験：**下級生・保育園児・小学生・中学生・大学生・住民・福祉専門職との防災訓練現場 **参加：**被災地説明会・防災学術会議 **被災地視察：**京都市嵐山渡月橋 岡山県倉敷 岡山県総社	**参画：**大学防火防災訓練ワーキンググループ・防災訓練での聴覚障害者支援・自治体防災対策本部 **提言：**被災地での討議・被災地域寺院での討議 **被災地視察：**大分県津久見 熊本県熊本 兵庫県神戸 **報告：**社会学部報告会・大学報告会・学外教育大会報告⁑・卒業研究・国際会議報告⁂
上記の記載個所を含め、各年度、見学や実習を10か所以上（事前事後学習を毎回実施）、学外講師講演を2回以上実施している。			

＊　この年（2019年度）は、実際には2年目の学生の履修はなかった。⁑　コロナによりポスター作製後、大会は中止。⁂　被災地に参加した大学院博士後期課程生による報告。

出典：栗田修司（2021）日臺聯盟地方創生政策展望ワークショップ『The First Aid活動報告』資料

Ⅲ　結果

1　活動事例1
──「小学生ぼうさい探検隊マップコンクール」応募作品作成サポート

1）実施期日　2018年8月6日・8月7日・8月8日

2）実施場所　某市立「こどもの家」(学童保育施設)

3）対　　象　小学校4年生～6年生20名（最大）

4）連携機関　某市社会福祉協議会・こどもの家・消防署・消防団

5）参加学生　3年生2名

6）活動内容　第1日目　プレゼンテーション・まちなか探検・マップ作成
第2日目　マップ作成
第3日目　マップ作成

（図2～図7参照）

図２　プレゼン状況

子どもたちにマップ作成のスケジュールや作成するにあたっての大切なことなどを、学生がスライドを使って分かりやすく説明している。このあと、２つのグループに分かれ、グループ名が決められた。

（撮影：三上民喜）

図３　防災倉庫探検

プレゼンテーションのあと、学生が引率し、まちなか探検に出かけた。防災倉庫の備蓄品や活用方法などについて学んでいるところである。当日は、猛暑の中、子どもたちの体調に気を配りながら、子どもたちのペースで行われた。

（出典：龍谷大学　広報誌「龍谷」86号（2018年９月28日発行）pp.8-9）

図４　コンビニ探検

与えられた500円（総額）で、「自分たちが生き延びるために何が必要かを考えてコンビニで買い物をする。」という課題に取り組んでいるところである。

（撮影：三上民喜）

図５　マップ構成検討

防災士の資格を持つ学生からアドバイスを受けながら、自分たちが作るマップの構成をみんなで意見を出し合って考えている。

（撮影：三上民喜）

図６　マップ作成

まちなか探検で得た情報をもとに、マップの作成を行っているところである。学生らは、そばで見守っている。

（撮影：三上民喜）

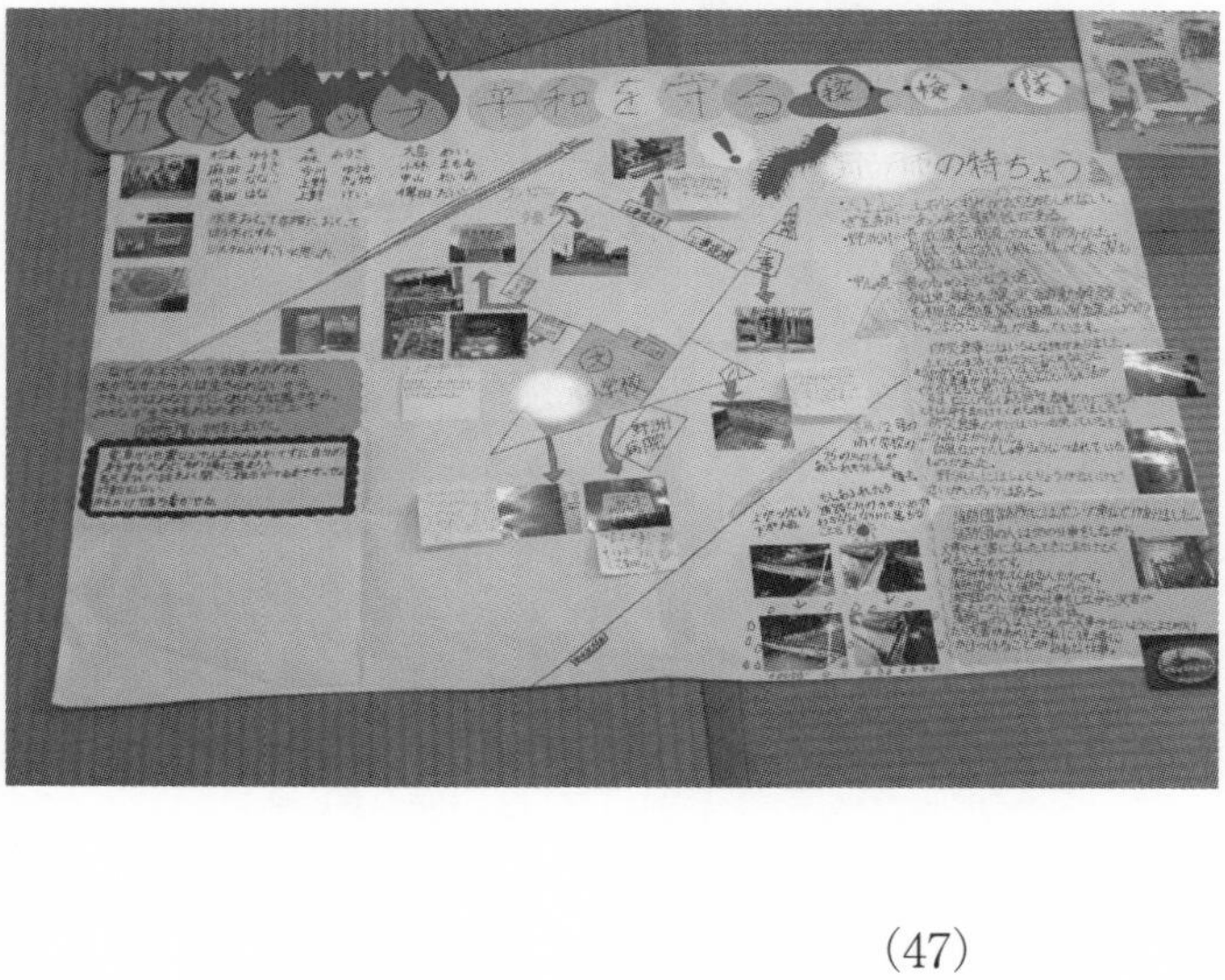

図７　マップの仕上がり状況

完成に近づいてきたマップの状況。今回、２つのグループがそれぞれ１枚のマップを作成し、コンクールに応募した。

（撮影：三上民喜）

7）参加した学生の視点*

【学生 A】

「暑さで時間配分もうまくいかず予定していたルートの半分ほどしか回れませんでした。グループ10名に与えられた500円（総額）で、自分達が生き延びるために何が必要かを考えてコンビニで買うという課題もあり、小学生達が何を選ぶか興味がありましたが、なぜかイカの燻製でした。」

【学生 B】

「防災において重要なのは、世代を問わず誰とでもコミュニケーションができる能力です。これまでに幾度か避難訓練を体験したなかで実感したのですが、学生という身分だからこそフットワーク軽く、困っている人がいたら柔軟に動けることが結構あるんです。若いから体力もありますしね。」

＊広報誌「龍谷」86号（2018年９月28日発行）pp.8-9「学内を超えて地域防災を学び　在学中に防災士資格を取得」から転載

8）成果等

全国47都道府県から応募があった2,865作品中、応募した作品２点が佳作100選に選出され、連携機関等から高い評価を受けた。また、この活動はマスコミ等から注目され、産経新聞、中日新聞の紙面やネットニュースでも取り上げられた。また、内閣府の「TEAM 防災ジャパン」でも参考事例として紹介された。

2　活動事例２　――「某市総合防災訓練聴覚障がい者対応訓練」参画

1）実施期日　2019年９月15日

2）実施場所　某市立小学校体育館（某市指定避難所）

3）対　　象　聴覚障がい者４名

4）連携機関　某市危機・防災対策課・障害福祉課

5）参加学生　４年生２名、２年生２名

6）活動内容　①コミュニケーション支援

避難所における手話や筆談ボードを使ったコミュニケーションの支援

②ディスカッション

訓練終了後、学生・聴覚障がい者・市担当課職員による意見交換

（図８～図10参照）

図8　学生による支援状況（1）

学生が聴覚障がい者に対して手話を用いてコミュニケーションの支援を行っている。

（撮影：三上民喜）

図9　学生による支援状況（2）

学生が聴覚障がい者に対して筆談ボードを用いてコミュニケーションの支援を行っている。

（撮影：三上民喜）

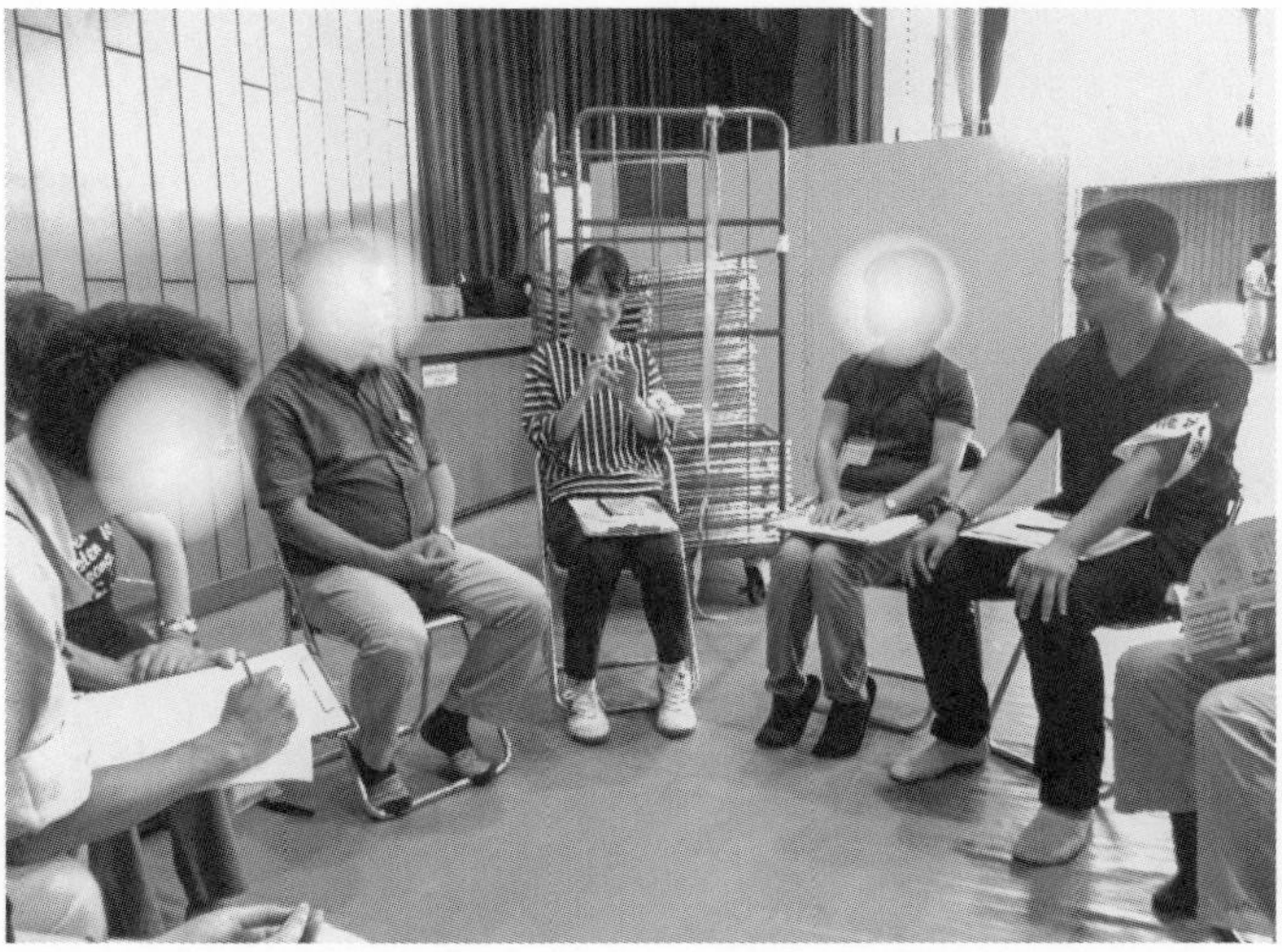

図10　ディスカッションの状況

訓練終了後、学生が関係者を交えてディスカッションを行っている。また、聴覚障がい者との会話には手話を用いている。

（撮影：三上民喜）

7）参加した学生の視点*

【学生A】

耳が聞こえない人に向けた防災訓練ということで筆談中心のコミュニケーションであったが、短い文で適切にものを伝えることの難しさ、聞こえない人とのそもそものコミュニケーションの難しさを知ることができた。

【学生B】

聴覚障がい者の方と関わることで、一目見るだけではわからないが、自分と同じ情報が手に入れることができない人がいることを知った。この経験を活かし、実際の災害時には運営本部と情報を手に入れにくい人の懸け橋に少しでもなれるようになっていきたい。

【学生C】

聴覚障がい者の方が実際に避難した際に、どういったことで困るのかが分った。

【学生D】

聴覚障がいの方と関わることができ、手話の重要性や伝え方を学ぶよい機会となった。

＊令和元年度某市総合防災訓練に関するアンケート調査結果から抜粋

8）成果等

学生の避難所における防災活動の可能性ついて連携機関等から好意的な評価をいただいた。また、防災訓練における要配慮者（聴覚障がい者）対応訓練は初めての経験で、筆談という短い文章で適切にものを伝えることの難しさや災害時の障がい者への配慮の大切さを訓練から学んだことは、何よりも大きな成果であった。なお、この活動は注目されることになり、日本私立大学連盟が運営するサイト「私立大学１・２・３」で取り上げられ、旺文社「螢雪時代」2020年１月号にも掲載された。

Ⅳ　考察

「自省利他」を掲げて「仏教SDGs」に取り組む龍谷大学にとって、SDGsのターゲットである脆弱な立場にある人々への防災・減災の取り組みは重要なテーマである。本報告の学生による防災活動支援は、子どもたちや聴覚障がい者に「寄り添い、学び、ともに進む」ことで、防災・減災の取り組みにおいて大きな成果が得られることを示している。

活動事例１では、先ず、最初に取り組んだのが「プレゼンテーション」である。これは、子どもたちの関心をいかに引き出せるかが重要なポイントである。ここでは、子どもたちに分かりやすい表現方法で学生たちがスライドを作成し、これに基づいて目的や作成のポイント、まちなか探検の注意事項、そして、マップコンクールにおける表彰などについて、子どもたちの反応を確かめながら、説明が行われた。図２に示すように、プレゼンテーションでは、子どもたちが手を挙げ、活発に質問するなど、高い関心を寄せている様子が窺え、子どもたちの立場に「寄り添い」、コミュニケーションをとることの重要性が感じられる。

次の段階は「まちなか探検」である。当日は８月６日で、図３（防災倉庫探検）や図４（コンビニ探検）に示すように、猛暑の中の探検となった。学生たちにとって、子どもたちの引率は初めてのようで、熱中症から子どもたちを守るための水分補給や休息などの体調管理の方法、大人とは異なり、子どもたち独特のペースや感性があることなど、実際の体験において多くの「学び」があったようである。

これらは、後日の龍谷大学学長室広報の取材の中でも、学生Ａは「暑さで時間配分もうまくいかず予定していたルートの半分ほどしか回れませんでした。グループ10名に与えられた500円（総額）で、自分達が生き延びるために何が必要かを考えてコンビニで買うという課題もあり、小学生達が何を選ぶか興味がありましたが、なぜかイカの燻製でした。」と述べており、また、学生Ｂは「防災において重要なのは、世代を問わず誰とでもコミュニケーションができる能力です。」と述べている（龍谷大学 2018）ことからも分かる。

最後の段階は「マップ作成」である。この段階では、事前学習やまちなか探検などによる基本的な情報の収集は終えており、これらをもとに、いかに創造力を発揮して、オリジナルなマップを作成するか、子どもたちのすぐれた感性とチームワークが求められる。つまり、学生たちは、子どもたちの能力を最大限に引き出すためのサポートに徹しなければならないのである。先ず、図５に示すとおり、防災士の資格を持つ学生がマップの構成をみんなで考えるためのきっかけをつくり、その上で、子どもたちは２日間かけてマップ作成にとりかかった。この間、図６に示すように、学生たちはサポートに徹し、課題を共有しながら、子どもたちとマップの完成に向けて「ともに進む」ことになった。その結果、予定より時間を要したが、図７に示すとおり、徐々にユニークなマップができ上がり、その後、応募した「小学生ぼうさい探検隊マップコンクール」において、全国2,865作品中、応募２作品ともに「佳作100選」に選出されることになり、関係方面から高い評価を受けたのである。

今回のマップ作成は、学生たちにとって、子どもたちの立場に「寄り添い」意思疎通を図り、そこから、子どもたちの観点や特性を「学び」、子どもたちの自主性を尊重し、「ともに進む」ことの意味と重要性を深く考える機会となったものといえる。

次に、活動事例２の某市総合防災訓練における「聴覚障がい者対応訓練」は、学生の防災活動支援の可能性を探るものとして、2017年度から取り組んできたものである。2017年度は台風の接近により中止となったが、2018年度の「福祉避難所開設訓練」に続いて２回目の参画となった。今回は、学生の特技やマンパワーを活用して、避難所の課題に学生がどのように対応できるかを実践するもので、図８や図９に示すように、手話や筆談ボードを用いてコミュニケーションの支援が行われた。また、訓練終了後には、図10に示すとおり聴覚障がい者や某市担当課職員を交えた意見交換会も行われた。これらは、手話を使えない場合、筆談という短い文章で適切に意思疎通を図ることの難しさや聴覚障がい者たちの不安な気持ちを知るなど、多くの「学び」があった。このことは、某市総合防災訓練後の参加学生に対するアンケート調査結果から読み取ることができる。

筆談の難しさや手話の大切さへの気づきは、学生Ａ「耳が聞こえない人に向けた防災訓練ということで筆談中心のコミュニケーションであったが、短い文で適切にものを伝えることの難しさ、聞こえない人とのそもそものコミュニケーションの難しさを知ることができた。」、学生Ｄ「聴覚障がいの方と関わることができ、手話の重要性や伝え方を学ぶよい機会となった。」に示されている。また、災害時の障がい者への配慮の大切さへの気づきは、学生Ｂ「聴覚障がい者の方と関わることで、一目見るだけではわからないが、自分と同じ情報が手に入れることができない人がいることを知った。この経験を活かし、実際の災害時には運営本部と情報を手に入れにくい人の懸け橋に少しでもなれるようになっていきたい。」、学生Ｃ「聴覚障がい者の方が実際に避難した際に、どういったことで困るのかが分った。」に示されている。このような気づきは、学生自身が聴覚障がい者に「寄り添い」、懸命にサポートする中ではじめて見えてくるものであり、そこから、聴覚障がい者への配慮の大切さを学んだ貴重な体験であると考える。

以上の代表的な事例として抽出した二つの活動は、災害弱者に寄り添い、そこから学び、ともに進もうとする縁起観や慈悲に基づく仏教的人間観が窺え、龍谷大学が掲げる「仏教SDGs」においても重要なものといえる。SDGsの目標11「住み続けられるまちづくりを」のターゲットの中に、脆弱な立場にある人々の災害による死者や被災者数の削減がある。また、目標13「気候変動に具体的な対策を」では、災害へのレジリエンスや適応力の強化がターゲットとされている。とりわけ、本報告で取り上げた学生による「The First Aid」の活動は、脆弱な立場にある人々の防災・減災の取り組みにおいて、学生の特色を生かした防災活動支援の可能性を示唆しており、学生の防災活動はますます重要性を増すものと考えられる。一方、「The First Aid」の受講人数を見る限りでは、学生の防災活動への関心を高めるための取り組みも重要な課題であることが明らかとなった。今後、多くの学生には、災害の疑似体験等の機会を設けるなど、「The First Aid」の受講生と同様に防災への関心を高めるための取り組みが必要である。なお、本プロジェクトの活動が契機となり、地元自治体では、学生による機能別消防団員制度が創設され、龍谷大学の学生が過日、入団したところである。今後、これまでの社会共生実習における実績を生かして、災害へのレジリエンスや適応力の強化のため、特色のある活動を展開してくれることを期待している。

謝辞

最後に、ご多忙な中、本実習の趣旨をご理解いただき、ご協力をいただいた関係者の皆様に厚くお礼申し上げます。

引用文献

栗田修司（2021）日臺聯盟地方創生政策展望ワークショップ「The First Aid活動報告」 <https://www.youtube.com/watch?app=desktop&v=LAyLD9xGlxk>

令和元年度某市総合防災訓練に関するアンケート調査結果（参加学生）

龍谷大学（2018）広報誌「龍谷」86. 8-9.

参考文献

中日新聞「児童が防災マップ作り」2018. 8. 9.

一般社団法人日本私立大学連盟（2019）「聴覚障がい者の方たちと共に防災訓練に参加」『私立大学１・２・３』<https://topics.shidairen.or.jp/10621/>

内閣府（2018）「野洲市の児童ら『防災マップづくり』災害危険個所、歩いて確認」『TEAM防災ジャパン』8. 16. <https://bosaijapan.jp/news/>

日本仏教社会福祉学会編著（2006）『仏教社会福祉辞典』法藏館.

長上深雪編著（2012）『仏教社会福祉の可能性』法藏館.

旺文社（2020）「学生が聴覚障がい者とともに防災訓練に参加」『螢雪時代』１月号.

龍谷大学社会学部学会（2020）「社会共生実習特集The First Aid」『龍谷大学社会学部ジャーナルRONRON』19.

龍谷大学社会学部（2020）「2017～2019年度　社会共生実習　活動報告書」

産経新聞「児童ら「防災マップ」づくり」2018. 8. 14.

The First Aid（2018）「2017年度活動報告書」

The First Aid（2019）「2018年度活動報告書」

The First Aid（2020）「2019年度活動報告書」

（2022年２月２日　受理）

Significance and Outlooks in Supporting Disaster Management Activities by Students of Buddhist Related Universities:

Progress in Supporting Each Other and Learning Together

MIKAMI Tamiki (Ryukoku University)
KURITA Shuji (Ryukoku University)

Abstract

In 2017, Ryukoku University launched the Coexistence Training Subjects jointly managed by all departments in the Faculty of Sociology. One of the projects in the program, "The First Aid" involved more than 10 support for disaster management activities a year in collaboration with local partner institutions and other organizations. These activities have been important in the promotion of "Buddhist SDGs" initiatives advocated by Ryukoku University. In particular, two activities named the "Map Contest for Elementary School Children's Disaster Management Explorers" and the "Support Training for the Hearing Impaired" were highly acclaimed by everyone, as they utilized Ryukoku University's unique perspective based on the Buddhist view of humanity to conduct activities of "progress in supporting each other and learning together." These activities provided important insight on how to support disaster management and mitigation activities for vulnerable people, which is one of the targets of the SDGs, by utilizing the unique characteristics of Buddhist related university of students.

Key word :
Disaster management activities, students, Buddhism, support

〔実践報告〕

映画鑑賞による交流と回想の場づくりの実践報告
～“安穏”をめざした憩いの場事業『映画のひろば』の取り組みから～

浅草寺福祉会館　髙橋　知恵・金田　寿世・渡邊　智明
井手　友子・大塚　明子・大森　亮圭
大正大学　石川　到覚

抄録

浅草寺福祉会館では、映画鑑賞プログラム『映画のひろば』を1997年から「憩いの場事業」として実践してきた。その場づくりの中でも「映画上映を素材とした交流の“場（トポス）”」を取り上げ、本学会の第48回学術大会では「一人ひとりが大切にされているというホスピタリティの感覚」と「他者と適度な距離が保たれた押し付けのない場」が居心地の良い交流の場づくりになることを報告した。

今回は、これまでの参加者の様子や感想等から『映画のひろば』が交流の場に留まらず回想の場にもなると考え、回想法の視点も取り入れた実践の見直しを行った。本報告は『映画のひろば』において「誰もが気負わず参加し心穏やかに過ごせる場づくり」が「過去を回想し今後の生き方を見つめ直すことのできる場づくり」にもなるとした実践報告である。

キーワード：
映画鑑賞、回想法、交流の場、高齢者、安穏

1．はじめに

浅草寺福祉会館（以下、当会館）は、古くから「浅草のかんのんさま」として庶民に親しまれてきた金龍山浅草寺が設置・運営する宗教法人の福祉相談施設であり、1924（大正13）年に開設された『浅草寺婦人相談宿泊所』を前身としている。その後、第二次世界大戦を経て1960年に設立された当会館は、2020年に60周年を迎えた[1)]。

現在は、活動の基本理念に『かんのんさまの慈悲の御心の実践 ～ささえる・つながる・ほっとする～』を掲げ、①相談事業（相依・無畏／あんしん・だいじょうぶ）、②ネットワーク・啓発事業（縁生／であう・ひろがる）、③憩いの場事業（安穏／そ

のまま・ありのまま）を活動の柱としている（図１）。人員体制は、主任（僧侶）と社会福祉士または精神保健福祉士の資格を有する５名のソーシャルワーカーで構成されている。

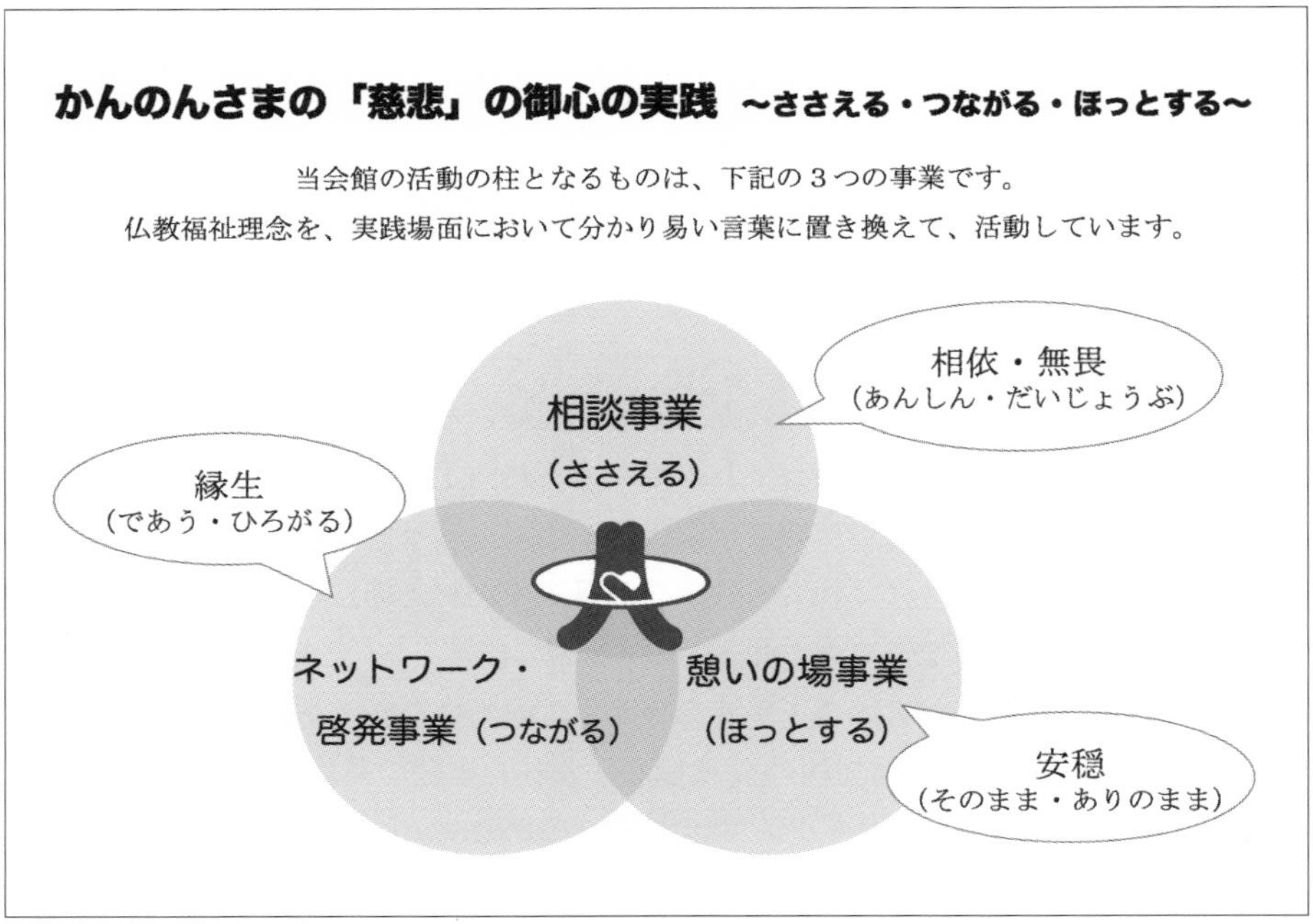

（図１）活動の基本理念および活動の柱となる３つの事業

２．実践報告の背景と目的

（１）前回の実践報告

当会館は半世紀以上にわたり相談活動を継続しており、これまでにさまざまな内容の相談を受けてきた。その中には「人との関わり方に悩んでいる」「一人で寂しいが、他者と交流することは苦手である」というような人間関係や他者とのコミュニケーションに関する課題も多く存在した。

そこで当会館では、1997（平成４）年に事業や活動の周知を主目的に開始した映画鑑賞プログラム『映画のひろば』を、相談事業とも連携させながら、映画上映を素材とした交流の“場（トポス）”[2)] づくりの実践へと発展させてきた。

2013年の本学会の第48回学術大会（自由研究発表）では、1997年度から2012年度までの16年間の実践を報告した[3)]。その内容は、一人ひとりが大切にされているというホスピタリティの感覚や、他者と適度な距離が保たれた押し付けのない場が、居心地の良い交流の場づくりになるとしたものである。

（2）今回の実践報告

これまで参加者からは、映画鑑賞や他者との交流に関する感想だけでなく「昔の出来事を思い出した」「今後の生き方を考える機会になった」という感想等も寄せられてきた。そこで今回は『映画のひろば』が交流の場に留まらず、回想の場にもなると考え、回想法の視点も取り入れた見直しを行った。

因みに回想法とは、過去の記憶や経験を語ることで精神の安定等を図る心理療法のことであり、1960年代にアメリカの老年学を牽引した精神科医のR.N. Butlerが提唱してきた。現代の日本では、心理的安定、意欲向上、対人関係の再構築、生活の活性化、認知症予防、世代間交流の促進等といったさまざまな効果に注目が集まり、福祉、介護、看護、リハビリテーション等の領域で回想法プログラムが実施されている[4)]。

本報告は、日本仏教社会福祉学会研究倫理指針および日本社会福祉学会の研究倫理規定に基づく研究ガイドラインに沿った倫理的配慮を行っている。なお、個人情報保護及び研究の実施に関しては、当該所属施設の承認を得た上で研究についての情報を研究対象者に公開（会館内及び当該ホームページに掲載）し、研究が実施されることについて研究対象者が拒否できる機会を保障した。

3.『映画のひろば』の概要

（1）現在のプログラムの概要

本プログラムの目的は、①安心して参加できる場の提供、②他者との交流の場の提供、③当会館の事業や活動の周知であり、開催頻度は約３ヶ月に１回程度、定員は１回につき約40名、会場は映写設備を整えた布教場（ホール）、参加費は無料で、事前申込制である（表１）。また、上映後には『懐かし処』と名付けた「お茶菓子を楽しみながら参加者同士で交流できる時間」を設けており、映画鑑賞した参加者の内、７割程度の人が参加している。

（表１）現在のプログラムの概要

目的	①安心して参加できる場の提供 ②他者との交流の場の提供 ③当会館の事業や活動の周知
開催頻度	約３ヶ月に１回
日程（例）	①11月13日（水）午前 ②11月13日（水）午後 ③11月15日（金）午前 ④11月15日（金）午後 ※①～④の内、希望する日程を選択する
定員	①～④各回40名程度（合計160名程度）
会場	浅草寺普門会館 第一布教場（ホール）
参加費	無料
申込	事前申込制（来所または電話）
『懐かし処』	上映後の交流の場。ロビーに設置。20分から30分。

（２）参加者の概要

2011年度から2019年度までの参加者の年齢は【60歳代】から【80歳代】が多く、性別は【男性】が約３割で【女性】が約７割であった。居住地域は【台東区内】が約５割で【台東区外（東京都）】は約４割、【その他（千葉県・神奈川県・埼玉県）】が約１割であった。最初の参加のきっかけは【友人から聞いて】が最も多く、その他には【小冊子『浅草寺』を見て】【入口のポスターを見て】などがあった。

４．映画上映を素材とした交流の場づくり

（１）他者との交流が苦手な人でも参加できる場づくり

『映画のひろば』は映画鑑賞という受動的な要素を活かしたプログラムのため、最初の一歩を踏み出しやすい場である。また、参加の主目的は映画鑑賞となるため、人の集う場に苦手意識を持つ人でも参加しやすい場でもある。そうした傾向を踏まえ、上映後のお茶の時間『懐かし処』では「皆さんで映画の感想を語り合ってください」等の参加者同士の交流を促すような声かけはあえて控えてきた。その代わりに、一人でも参加しやすいと感じるようなさまざまな声かけを行ってきた（表２）。

これまで『懐かし処』では、ゆっくりと茶菓子を味わう、映画の感想を自由に語り合う、展示物を見ながら映画を振り返る等、気負わず自由に過ごす姿を見てきた。

（2）参加者一人ひとりが大切にされていると感じられる場づくり

『映画のひろば』では、映画鑑賞や交流の場を単に提供するのではなく、参加者が「参加してよかった」「また参加したい」と感じられるようにするためにも、さまざまな工夫を凝らしてきた（表２）。このように、参加者一人ひとりが大切にされているというホスピタリティを感じられる対応にも心がけてきた。

それに対して参加者からは「スタッフの対応に心が穏やかになる」「心配りに感謝している」「映画を観るだけでなくスタッフに会うことも楽しみにしている」等の感想を聴いてきた。

（表２）場づくりの中で心がけている内容

内　容	詳　細
参加者への声かけ	交流を促す言葉は控えて、 「どうぞ一息ついてからお帰りください」 「お茶やお菓子をお楽しみください」 「映画の余韻に浸ってからお帰りください」と声をかける。
会場の環境づくり	・高齢者が多いため、長時間におよぶ作品の上映は控える。 ・ロビーに水分補給用の水を用意する。 ・座席にやわらかなクッションを敷く。 ・上映前後に心が穏やかになるような音楽を流す。 ・上映中も参加者の様子を確認し、音響や空調等の調整を行う。 ・会場等に汚れやゴミがないかよく確認し、適宜取り去る。
会場の展示等	・上映作品に関するさまざまな展示物を作成する。 ・映画の雰囲気に合った色使いの展示物を用意する。 ・参加者が最初に目にするロビーに、さまざまな飾り付けや手作りの小物等を設置する。
『懐かし処』で用意する茶菓子等	・心の豊かさが得られる季節の茶菓子。 ・映画のストーリーにちなんだ茶菓子。 ・参加者にもぜひ食べてほしいスタッフおすすめの茶菓子。 ・鑑賞後にほっと一息つくことのできる温かいほうじ茶。
オリジナルの映画パンフレット	・事前に上映作品に関するさまざまな情報収集を行う。 ・作品の見どころや制作秘話等を紹介する。 ・特別感のある草木染めの厚紙に印刷する。
プログラム終了後	・参加者の様子や変化に目配りし、確認できたことを共有。 ・開催中に受けた参加者からの意見や要望を共有。 ・吉澤英子スーパーバイザーからの助言等をもとに作成した『事業振り返りチェックシート』による事後評価。 ・参加者に実施したアンケートの結果をスタッフ全員が確認。

（3）厳選した上映作品

より多くの人の参加につなげるため、幅広い年代や多様なジャンル（邦画・洋画・ドキュメンタリー）から厳選した作品を上映してきた。また、上映のねらいも設定し、上映前後にはスタッフが作品解説を行ってきた（表３）。なお、実施にあたり著作権等の侵害がないことを確認している。

このように、単純な娯楽作品ではなく〈心に響く〉〈しみじみと感じる〉等の感覚が得られるような映像作品の上映により、鑑賞後に思わず他の誰かと語り合いたくなるような場づくりに努めてきた。

（表３）作品のテーマと上映のねらい（例）

テーマ		上映のねらい
家族・結婚	(1962年製作／邦画)	家族・親子関係について改めて考える
高齢期の生き方	(2003年製作／邦画)	歳を重ねる醍醐味を感じる
子どもの夢・成長	(2000年製作／洋画)	夢に向かって成長する姿に勇気付けられる
差別・貧困	(2006年製作／ドキュメンタリー)	人種差別、貧困世帯の背景を知る
産業革命	(1936年製作／洋画)	人間らしい生き方や暮らしを考える
移民問題	(2011年製作／洋画)	世界の問題について理解する
大切な記憶を思い出す	(2006年製作／邦画)	忘れかけていた自分の想いを見つめ直す

（４）仏教福祉理念の可視化

『懐かし処』では毎回茶菓子を用意している。以前は、参加者が自由に手に取れるようにするため、大皿にまとめて盛り付けていた。しかし、茶菓子を競って取り合う姿や、手にとってすぐに帰宅する姿がみられたため、〈観音さまの御供物を皆で分かち合う〉ということが伝わる所作を取り入れた（表４）。

その結果、茶菓子を大事そうに受け取る、茶菓子をゆっくりと味わいながら「美味しいね」と語り合う、「半分は持ち帰って仏壇に供えます」と言って帰宅する等の変化がみられた。

（表４）観音さまの御供物を『懐かし処』で分かち合うまでの流れ

①観音さまの祭壇	・映写スクリーンの横に設える。 ・『懐かし処』の茶菓子をお供えする。
②上映前に僧侶が礼拝	・参加者の前で、僧侶が観音さまに礼拝する。 ・礼拝後、御供物をお下げして退室する。
③『懐かし処』で御供物の配布	・上映後に僧侶が、参加者一人ひとりに声をかけながら、御供物を手渡しする。

５．アンケート調査の結果

『映画のひろば』では、当初から毎回参加者へアンケート調査を実施してきた。今回は回想に関連する質問項目を追加した2019年度の結果を報告する（配布数490人、回答数465人、回答率94.9％）。

（１）『映画のひろば』の良いところ（複数回答）

『映画のひろば』の良いところは、【作品選定】【スタッフの対応】【開催曜日時間帯】【参加費無料】【懐かし処（茶菓子）】等の順に多い結果となった（図２）。最も多かった【作品選定】は回答者の約６割が選択しており、厳選した上映作品が多くの参加者から評価を得ていたことを確認できた。その次は【スタッフの対応】であり、一人ひとりを大切にすることを心がけた対応が参加者から認められていたことを確認できた。

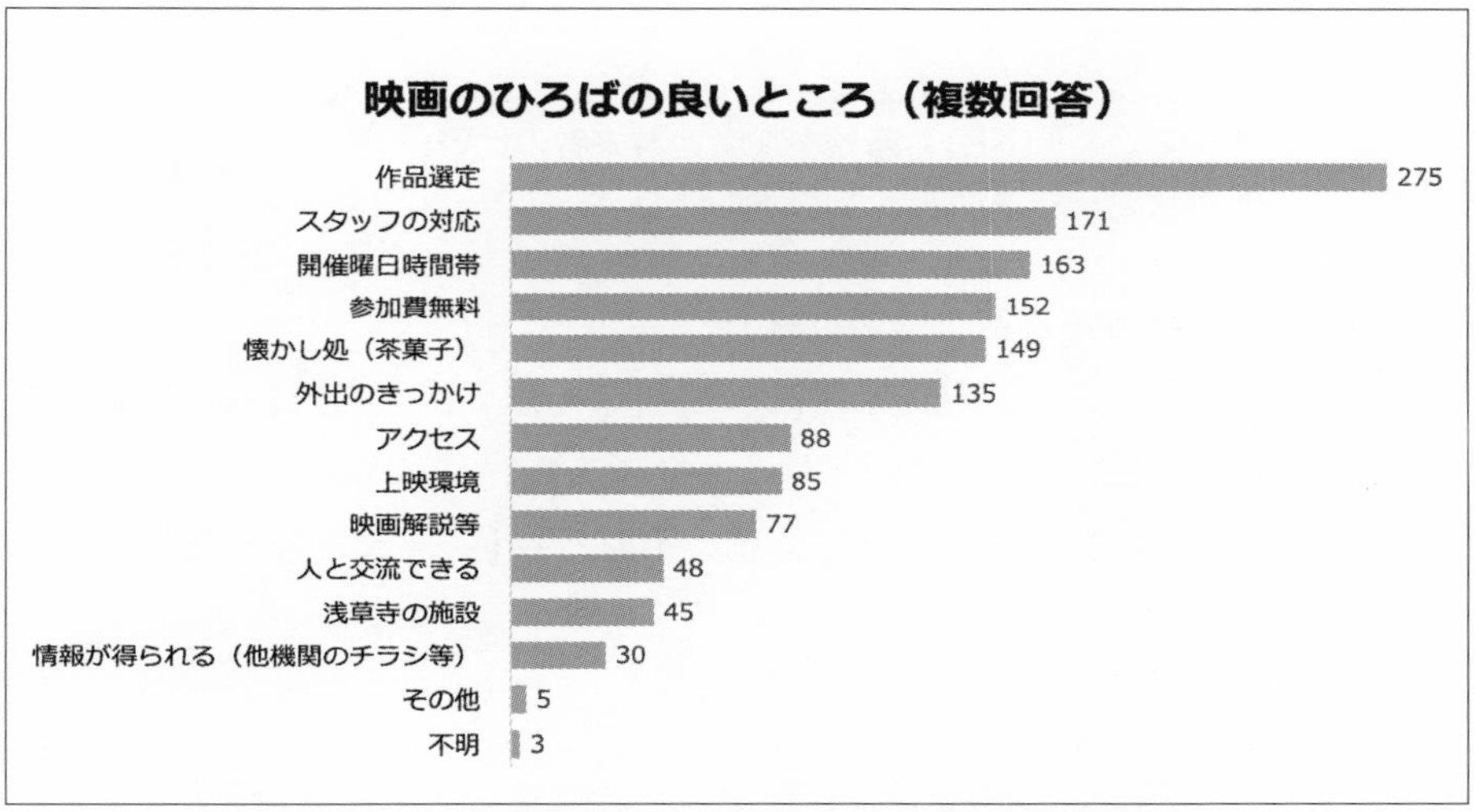

（図２）『映画のひろば』の良いところ（複数回答）

（２）『映画のひろば』の良いところ――新規参加者と再来者の比較

（１）の結果を新規参加者と再来者で比較したところ【①作品選定】【④参加費無料】【⑧上映環境】【⑨映画解説等】【⑫情報が得られる（他機関のチラシ等）】は再来者よりも新規参加者の方が多い結果となった。それに対して【⑤懐かし処（茶菓子）】【⑥外出のきっかけ】【⑩人と交流できる】【⑪浅草寺の施設】は再来者の方が多い結果であった。新規参加者と再来者であまり大きな差がみられなかった項目は【②スタッフの対応】【③開催曜日時間帯】であった（図３）。

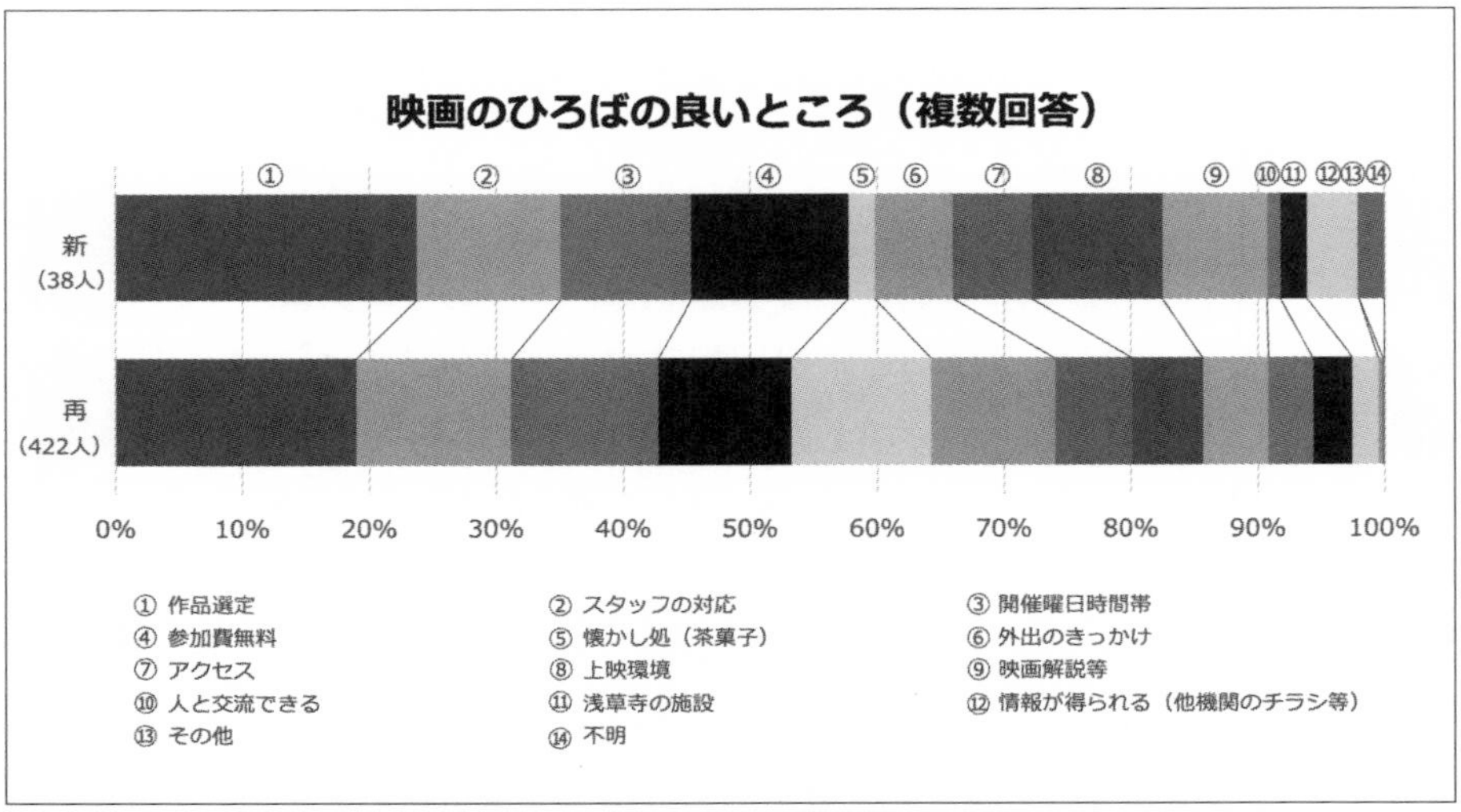

（図３）新規参加者と再来者の比較

（3）参加して変わったこと（複数回答）

参加して変わったことでは【参詣が増えた】【昔を思い出した】【人に紹介した（映画のひろば）】【新たな知識を得た】【生き方を考えた】等の順に多い結果となった。回想と関連する項目を確認すると【昔を思い出した】【生き方を考えた】の回答が比較的多いことが確認できた（図４）。

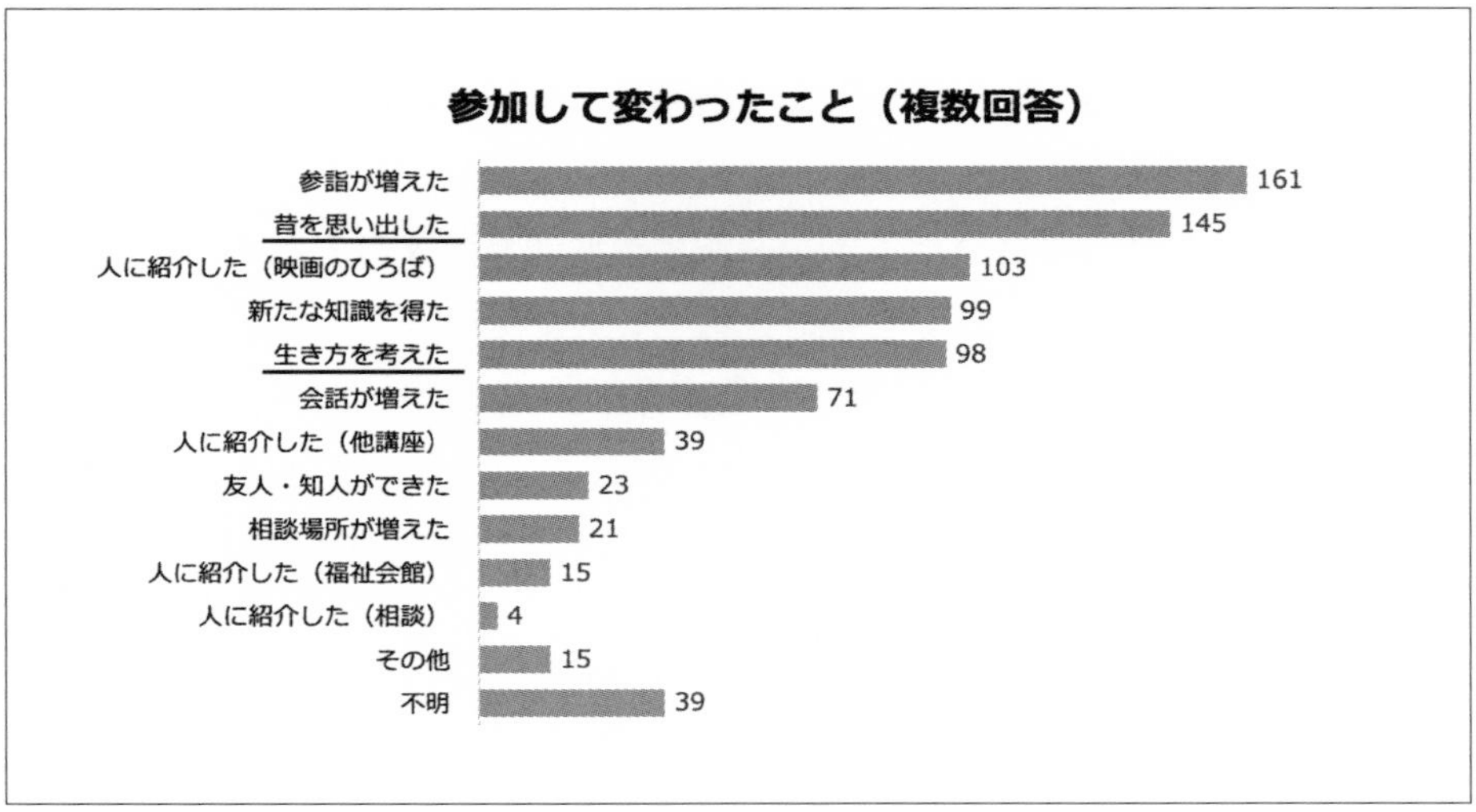

（図４）参加して変わったこと

（4）自由記述欄の記載内容

自由記述欄では、映画の感想から当会館の事業に対する意見や要望までさまざまな回答が得られた。回想に関係する回答では「故郷を思い出した」「子どもの頃に帰ることができた」「亡くなった家族に会えた気がした」等の記述や、「今後の宿題ができた」「人生の糧となった」「焦らずに生きたいと思った」「今の自分に何ができるか考えていきたい」「今の幸せに感謝して生きたい」等の回答を確認できた。

6．『映画のひろば』の実践と回想

（1）自然に回想することのできる場

『映画のひろば』は回想法を主目的としたプログラムではないため、参加者に「昔の思い出を語り合ってください」等の回想を促す声かけは行ってこなかった。しかし、参加者からは回想と関連するさまざまな感想を受けてきた（表5）。これらの感想から、映画鑑賞を通じて自然に回想できていたと考えられる。

（表5）回想との関係がみられる感想

作品テーマ	参加者の感想
恋　愛	・青春時代に味わった恋心を思い出した。 ・親のことを思い出して涙が出た。 ・舞台となった地域は母の故郷だった。
結　婚	・自分が結婚した頃のことを思い出した。 ・自分の子どもの結婚と重なるところがあった。 ・映画を観ながら娘たちのことを考えた。
家　族	・子どもの頃を思い出し、懐かしかった。 ・若い頃を懐かしく思い出した。 ・頑固な父のことを思い出した。 ・当時の父の言葉が今わかった気がした。 ・亡くなった母と一緒に観ている気分になった。 ・昔のご近所との出来事を思い出した。
ダンス	・20代のときに社交ダンスを習っていて懐かしかった。 ・昔踊ったダンスとは随分変わったと思ったが、懐かしさを感じた。

（2）上映作品と回想

昔の作品を上映したときには、当時好きだった監督や俳優、当時の建物や街並み、公開時に映画館で鑑賞した思い出等で参加者同士の語り合う様子をみてきた。また、近年公開された作品でも「昔を思い出した」「懐かしい気持ちになった」という感想を受けることがあり、それらは、懸命に何かに取り組む姿、悩みながらも前に進む姿、ある出来事から大切なことに気づく姿、周囲の人たちと支え合いながら暮らす姿等を描いた作品であった。このことから、昔懐かしい作品でなくとも〈人の生きる姿〉を鑑賞したことにより、回想することができていたと考えられる。

参加者からも、登場人物と自分の人生を重ねながら鑑賞していたとみられる感想も受けてきた（表６）。

（表６）登場人物と参加者自身の人生を重ねて鑑賞したとみられる感想

参加者の感想	・自分と重ね合わせながら観た。 ・ひとり娘が嫁いだときの気持ちを思い出した。 ・現在の私の心境そのままのようなシーンがあった。 ・私の通ってきた人生にそっくりの映画だった。 ・歳を取った自分と同じ感情があらわれていた。 ・自分も営業をしていた。商人は大変だと思った。 ・時代を振り返り、自分たちの生きた道を重ねた。

（３）展示物と回想

上映後の『懐かし処』では、映画の内容に関するさまざまなものを展示し、参加者が一人でも気兼ねなく過ごせる場や、自然に会話が生まれる場づくりを心掛けてきた。以前には、懐かしさを感じさせる昭和家電の写真を展示したが、参加者同士の会話があまり発展しないことがあった。そこでただ昔のものを展示するのではなく、当時の出来事をより深く振り返ることのできる工夫を加えてみた（表７）。

すると、ただ「懐かしい」と言葉にするだけでなく、「昔は不便な生活だったけど、自然に物を大切にしていたよね」という、当時の暮らしについて語り合う様子を確認できた。そして、参加者同士で共感し合い、楽しそうに会話を発展させる様子や、茶菓子を食べ終えたらすぐに帰宅していた人も、展示物を見ながら何か思いにふける等の変化がみられた。さらには、同世代の人だけで交流するのではなく、異なる世代の参加者やスタッフ等にも「当時の暮らしはね…」と説明する様子や、『懐かし処』の時間だけでは語り足りずに「このあと喫茶店で続きを話しましょう」と言いながら退館する様子等もみられた。

（表７）展示物の工夫

作品テーマ	展示物等の工夫
家族愛・親子愛	・当時の食卓の様子がわかる写真の展示。 ・監督の関連書籍やインタビュー等を調べて〈なぜ家族をテーマにした作品を製作したのか〉〈日本の家庭ではどのようなことが大切にされてきたのか〉〈作品を通じて伝えたいメッセージ〉等をまとめたものを展示。
戦争・平和	・ロケ地となった戦争遺跡へスタッフが事前に訪問し、撮影した写真や実際に現地を見て感じたことをまとめた展示物を作成。 ・現代の平和活動について調べたものを展示。 ・戦争の被害を受けながらも、戦後まもなく再開した和菓子店の情報を得てお菓子を取り寄せた。それに合わせて、戦時中から現在までの復興の過程をまとめた展示物を作成。

（４）“安穏”と回想

回想法では、本人のペースでゆっくりと回想し、安心して他の参加者と語り合える環境づくりが重要とされている。一方『映画のひろば』では、憩いの場事業の「安穏（そのまま・ありのまま）」というコンセプトのもと、誰もが心穏やかに過ごせる場づくりを続け、参加者からさまざまな感想を受け止めてきた（表８）。これらの感想からも『映画のひろば』の実践は、参加者の回想をより深めることにもつながると考えられる。

（表８）“安穏”をコンセプトにした『映画のひろば』への感想

参加者の感想	・ここではスタッフの慈悲深い心に触れることができる。 ・スタッフの菩薩行に感謝。 ・住職のお話にあたたかな気持ちになる。 ・安心して観ることができる。 ・ほっと一息つくことができる。 ・くつろぎの気持ちになれる。 ・すべてにゆとりを感じた。 ・心に潤いが持てるようになった。 ・家族の供養にもなる。 ・観るたびに気持ちがゆったりとして優しくなれる気がする。 ・ゆっくりとしたひととき、心地よさを感じられる。 ・私の大切な時間とスペース、心身の救いや生きる支え。

７．まとめと今後の展望

1997年に、当会館の事業や活動の周知を主目的に開始した、映画鑑賞プログラム『映画のひろば』は相談事業（相依・無畏／あんしん・大丈夫）とも連携しながら、映画上映を素材とした交流の“場（トポス）”づくりへと発展させてきた。そして現在は、憩いの場事業（安穏／そのまま・ありのまま）の一つのプログラムとして、集いの場に参加することが苦手な人でも、気負わずに参加できる場づくりを継続している。

本報告では、これまでの参加者の様子や感想から『映画のひろば』の実践が交流の場づくりに留まらず、参加者が回想し、今後の生き方を見つめる場づくりにもなるという意義を確かめるため、回想法の視点も取り入れた実践の振り返りを試みた。

『映画のひろば』では、上映作品の厳選や上映のねらいの設定、スタッフによる作品解説等を行ってきた。そして、昔懐かしい作品のみならず近年公開された作品でも、参加者の回想する様子がみられた。かつての自分と重なるような〈人の生きる姿〉を描いた作品を鑑賞することにより、自然に回想することができたのだろう。

上映後の『懐かし処』では、一人でも気負わずに参加できる場や、自然に会話が生まれる場づくりのため、工夫を凝らしたさまざまな展示を行ってきた。それらの展示物は、参加者同士の交流のきっかけをつくるだけでなく、参加者の回想を深める要素にもなっていた。さらには、ただ昔のものを用いるのではなく、〈当時の出来事を思い出し〉〈それに共感し合い〉〈思わず他の誰かと語り合いたくなる〉という働きかけが、参加者の回想をより深めることになっていた。

『映画のひろば』は憩いの場事業のコンセプト「安穏／そのまま・ありのまま」のもと、仏教の儀礼的要素も取り入れながら、交流の場づくりを継続してきた。『映画のひろば』における誰もが気負わずに参加し心穏やかに過ごすことのできる場づくりは、ゆっくりと過去を振り返り、今後の生き方を見つめることのできる回想の場づくりでもあると考えられた。

新型コロナウイルスの感染が拡大した2020年度および2021年度は、本プログラムを含む憩いの場事業を休止したが、当会館の利用者とのご縁を途絶えさせないため『浅草寺福祉会館だより〈特別号〉』（自宅で楽しめる読み物や付録）や『季節のはがき』（季節感のあるスタッフ手書きのイラストやメッセージ）の送付を開始した。

2022年度は感染症の状況も鑑みながら、段階的な再開を検討している。以前とすべて同じ形式で再開することは難しいが「安穏／そのまま・ありのまま」というコンセプトを大切にしながら、生活様式の変化に伴う新たなニーズや地域課題を見据えたさらなる発展をめざしていきたい。

引用・参考文献

1）金田寿世（2015）「地域福祉活動の歩み—浅草寺福祉会館の取り組み」石川到覚監修、岩崎香・北本佳子編『〈社会福祉〉実践と研究への新たな挑戦』新泉社，70–71.（なお同書には、渡邊智明「民間相談機関の記録から見えてくるもの」，鈴木裕介「医療社会事業の史的検証—浅草寺病院の取り組み」も掲載）

2）中村雄二郎（1989）「場所（トポス）」弘文堂，171–182.

3）大塚明子・金田寿世・渡邊智明・井手友子・矢吹和子・五十嵐信泰・壬生真康・石川到覚（2014）「高齢者を中心とした『交流の場』づくりの実践報告—映画上映を素材として—」『日本仏教社会福祉学会年報』44・45，15–23.

4）野村豊子編集代表、語りと回想研究会・回想法ライブレビュー研究会編（2018）『Q＆Aでわかる回想法ハンドブック—「よい聴き手」であり続けるために』初版第二刷，中央法規.

（2022年２月12日　受理）

Report in Action: Making Places of Communications and Reminiscences by Watching Films

;from the Project "Forum of Movies" for Providing Places of Comfort and Peace of Mind

TAKAHASHI Tomoe, KANEDA Hisayo, WATANABE Chiaki, IDE Tomoko, OTSUKA Akiko and OMORI ryoukei
(Sensouji Social Welfare Center)
ISHIKAWA Tougaku (Taisho University)

Abstract

The Sensoji Temple Social Welfare Center has been operating a film-watching program "the Forum of Movies" since 1997 as an output of "the Project of Relaxing Places". For the 48th Annual Conference of the Japanese Association of Buddhist Social Welfare Studies, we argued that both of the hospitality feelings that every single person is being treated gently and the rooms in which there are decent distances amongst people are together the keys to making places where people comfortably enjoy communications.

Also with the help from the ideas of the Reminiscence Therapy, for this research conference we have reached the conclusion that the project "the Forum of Movies" is not just offering a place of communications but also providing room of enjoying remembrances, from the reasons based on the surveys and attitudes of those who presented at the previous gatherings. This report explains the case that "making places at which people may spend time peacefully after joining casually" may turn into "providing opportunities where people may rethink about their life plans after remembering past times".

Key word:
Watching Films, Remembrance Methods, Forum of Communications,
Elderlies, Peace of Mind

〔書籍紹介〕

淑徳大学アーカイブズ編
『浄土宗関東十八檀林大念寺日鑑五』

（淑徳大学アーカイブズ．2022年３月）

長崎　陽子

この『浄土宗関東十八檀林大念寺日鑑五』（以下、『大念寺日鑑五』）は、「淑徳大学アーカイブズ叢書」の11刊目にあたる。「淑徳大学アーカイブズ」は、淑徳大学アーカイブズ所長長谷川匡俊氏の言葉に依らせていただくと、「淑徳大学ならびに学校法人大乗淑徳学園の歴史や諸活動に関する資料の移管、収集、保存、研究、展示を行なうとともに、〈淑徳大学アーカイブズ叢書〉として、資料の翻刻刊行」（『浄土宗関東十八檀林　大念寺日鑑　一』ⅲ頁）を行なっている組織である。多くの事業の中、資料の翻刻刊行の内で、現在、もっとも量的比重を占めているのが『大念寺日鑑』の刊行である。

『大念寺日鑑』は、浄土宗関東十八檀林のひとつであった大念寺の日々の行状を記した日記である。享保十一年（1726）九月末日から慶応三年（1867）十月二十三日までの約140年にもわたる記録となる。

現在、大念寺は茨城県稲敷市に所在する大念寺は、正定山智光院と号し、開基は、徳川家康の中陰法要を増上寺で執り行った源誉慶巌（1554～1617）で、天正十二年（1590）の創建である。

江戸時代、各宗において「檀林」「学寮」などと呼ばれた教育・研究機関をになう寺院が幕藩体制下において設立された。関東における浄土宗の「檀林」は、増上寺を筆頭の檀林、光明寺・伝通院を浄土宗総本山の知恩院補処寺とし、他、十五檀林が関東の諸国にあり、大念寺はこのひとつになる。このように大念寺は、浄土宗の宗義研究と人材育成を担っていたものの、地方檀林のひとつという位置づけで、運営は決して楽なものではなかったとされる。しかしながら、大樹寺、鎌倉光明寺、伝通院、飯沼弘経寺、知恩寺などに転住する住持を多く排出し、一時隆盛であった。

そのような背景もあってか、史料も多く残されており、『大念寺日鑑』はその中の貴重な記録のひとつとなる。このような詳細な日記が残されているのは、浄土宗関東十八檀林の中でも四ヶ寺のみとなっている。

今回紹介する『大念寺日鑑五』は、江戸中期の宝暦五年（1755）から末期の慶応三年（1867）中の25年分の出来事が記されている。

日誌であるから、住職の補任や堂宇修繕、費用のことなど寺運営に関わる記録が主となるものの、檀家や知行百姓、領民への心遣いが見いだされる記述が存在するのである。

中でも、この五巻において注目すべきは、江戸時代の四大飢饉の中でも最大とされる「天保の大飢饉」とされる天保年間の記録が一部残されていることにある。残されている期日は、大飢饉がはじまった天保四年（1833）の二月から八月である。天保四年は、飢饉が起こり始めた年で、梅雨が明け炎天の季節となっても雨が降り続ける冷夏となった。

二月から三月間の内容は、寺に初めて住職として入る「御入院」の法要関連が中心で、無事に執り行われたことが記される。しかし、以降の三月から八月の記録は安堵する百姓や村からの申上について記録が多くなっている。飢饉の窮状は記されてはいないが、作物の収納に関する石高に関する内容も見受けられ、作物の出来高との関連性をうかがうことができる。

また、天保の大飢饉がようやく収束した天保十一年（1840）には、御入院の法要が無事営なわれたことが記され、その中には、子どもや非人、盲人などに銭がふるまわれたことが記されている。

したがって、この『大念寺日鑑五』は、当時の檀林のようすを詳細に知ることができると同時に、領民や村民の生活との関わりを知る貴重な史料である。

《参考》

淑徳大学アーカイブズ編『浄土宗関東十八檀林　大念寺日鑑　一』（2018年、淑徳大学アーカイブズ）

長谷川匡俊「地方における浄土宗檀林の成立と展開―常陸国江戸崎大念寺の場合―」（『地方史研究』131号、1974年）

浄土宗大辞典編纂実行委員会編集『新纂浄土宗大辞典』（2016年、浄土宗）

『日本仏教社会福祉学会年報』既刊号総目次

大菅俊幸編著、島薗進・川又俊則・前田伸子著
『仏教の底力—現代に求められる社会的役割』　清水　隆則

〔研究ノート〕
大都市自治体行政における仏教的手法との協働による
独居高齢者の社会的孤立問題への支援について　常松　洋介

〔実践報告〕
学生が主体的に行う認知症カフェの学習効果に関する研究
～ 学生に対するインタビューから見えてきたこと ～　楢木　博之

〔第50号〕令和３年刊行

〔53回大会　公開シンポジウム〕
「超高齢社会の今からを考える」　シンポジウム趣旨説明　池上　要靖
シンポジスト　小谷みどり
近山　恵子・井上ウィマラ
司会・進行　楢木　博之

〔平成30年度　日本仏教社会福祉学会　大会概要〕
〔事務局報告〕〔日本仏教社会福祉学会役員名簿〕〔編集後記〕
〔会則・理事会規程〕〔編集規程・投稿要領〕〔『日本仏教社会福祉学会年報』既刊号総目次〕

〔図書紹介〕
大谷栄一編『ともに生きる仏教—お寺の社会活動最前線』　鷲見　宗信
宮城洋一郎著『日本古代仏教の福祉思想と実践』　長崎　陽子

〔研究ノート〕
学生の子育て支援活動から考察する「行学二道」の現代的意義　伊東　久実

〔第49号〕平成31年刊行

〔52回大会〕
記念講演　「宗教と福祉」　村主　康瑞
基調講演　「仏教社会福祉」の実践を求めて
～社会福祉法人制度改革がもたらすもの～　辻村　泰範

〔52会大会　大会シンポジウム〕
「社会福祉法以後の課題と仏教社会福祉」　シンポジスト　明石　隆行
村井　龍治
菅　智潤
コメンテーター　長上　深雪
司会・進行　佐伯　俊源

〔平成29年度　日本仏教社会福祉学会　大会概要〕
〔事務局報告〕〔日本仏教社会福祉学会役員名簿〕〔編集後記〕〔会則・理事会規程〕

〔編集規程・投稿要領〕〔『日本仏教社会福祉学会年報』既刊号総目次・投稿規程〕

〔実践報告〕

仏教系大学における地域福祉活動の意義～ 認知症カフェを立ち上げて ～　檜木　博之

特別養護老人ホームでの看取りケアに関する考察　佐伯　典彦

〔第48号〕平成30年刊行

〔日本仏教社会福祉学会　50周年慶讃音楽法要〕

「代表理事挨拶」「祝辞」

〔50周年記念大会　基調講演〕

「学会五十年の学びと今後の課題

―キリスト教社会福祉の歴史的展開にも学びながら―」　長谷川匡俊

〔50周年記念大会　大会シンポジウム〕

「仏教社会福祉の展望と課題」　シンポジスト　長崎　陽子

宮城洋一郎

石川　到覚

コーディネーター　池上　要靖

特別コメンテーター　中垣　昌美

〔平成28年度　日本仏教社会福祉学会　大会概要〕

〔事務局報告〕〔日本仏教社会福祉学会役員名簿〕〔編集後記〕〔会則・理事会規程〕

〔『日本仏教社会福祉学会年報』既刊号総目次・投稿規程〕

〔図書紹介〕

坂井祐円著『仏教からケアを考える』　目黒　達哉

〔研究ノート〕

仏教系幼児施設における生命尊重の心を育む動物介在活動

―移動動物園の活動事例を中心に―　百瀬ユカリ

〔研究論文〕

高齢者施設における宗教的な関わりの評価及び普及の可能性

―仏教関係の介護老人福祉施設での調査を通して―　河村　諒

〔第47号〕平成29年刊行

〔第50回大会　公開記念講演〕

基調講演 「アジアのソーシャルワークにおける仏教の役割

―共通基盤の構築に向けて―」　石川　到覚

〔国際学術フォーラム報告〕

「仏教ソーシャルワークと西洋専門職ソーシャルワーク―次の第一歩―」　郷堀ヨゼフ

〔日本仏教社会福祉学会第50回大会記録・

淑徳大学創立50周年記念国際学術フォーラム大会記録〕

〔事務局報告〕〔編集後記〕〔会則・理事会規程〕

〔『日本仏教社会福祉学会年報』既刊号総目次・投稿規程〕

〔図書紹介〕

頼尊恒信著『真宗学と障害学

—障害と自立をとらえる新たな視座の構築のために—』　吉村　彰史

木越康著『ボランティアは親鸞の教えに反するのか—他力理解の相克—』　佐賀枝夏文

〔第46号〕平成27年刊行

〔第49回大会　公開記念講演〕

基調講演　「建学の理念と災害支援—同朋大学におけるその関係性—」　沼波　政保

〔第49回大会　公開シンポジウム〕

「仏教社会福祉と災害支援—将来の災害支援に向けて—」　パネリスト　大河内真慈

竜沢　悟

木越　康

コーディネーター　田代　俊孝

〔研究ノート〕

相談援助におけるクライエントの「受容」と援助者の「自己覚知」をめぐって

—法然の凡夫観をてがかりに—　郡嶋　昭示

中原実道氏のカウンセリング理論について　曽根　宣雄

〔日本仏教社会福祉学会第49回大会記録〕

〔事務局報告〕〔編集後記〕〔会則・理事会規程〕

〔『日本仏教社会福祉学会年報』既刊号総目次・投稿規程〕

〔書籍紹介〕

藤森雄介著『仏教福祉実践の轍《わだち》　近・現代、そして未来への諸相』　大久保秀子

浄土宗総合研究所仏教福祉研究会編『浄土宗の教えと福祉実践』　長崎　陽子

〔実践報告〕

「自宅・地域は終の住処となりえるのか」についての一考察　佐伯　典彦

〔研究論文〕

ソーシャルワークにおける仏教の役割に関する日本・ベトナム比較研究

—仏教保育研究における両国の現状に関する研究—　佐藤　成道

〔第44・45合併号〕平成26年刊行

〔第46回大会東日本大震災対応プロジェクト特別報告会〕

支援活動を通じて見えてきたネットワークの必要性　パネリスト　加藤　正淳

いのちの声に耳を澄ますボランティア

曹洞宗青年会による東日本大震災での災害復興支援活動　久間　泰弘

東日本大震災における全日本仏教会の取り組みについて　東田　樹治

コーディネーター　藤森　雄介

〔第47回大会公開講演〕

記念講演　「東アジアの高齢者自殺と仏教」　朴　光駿

基調講演　「災害支援と仏教社会福祉―東日本大震災の経験を通して―」　大村　英昭

〔第47回大会公開シンポジウム〕

東日本大震災における日本仏教界の動向について　パネリスト　藤森　雄介

災害支援と日常活動における仏教の役割　栗田　修司

「心の相談室」の活動と「臨床宗教師」の提唱　谷山　洋三

コメンテーター　大村　英昭

朴　光駿

コーディネーター　清水　海隆

〔第48回大会公開講演〕

「災害支援と仏教社会福祉の課題」　多田　孝文

〔第48回大会公開シンポジウム〕

東日本大震災被災地支援へ向けた本会の取り組みと経過　パネリスト　奈良　慈徹

寺院に特化した、本当に役立つ災害への備えを一冊のガイドブックに

「寺院備災ガイドブック」の完成と今後の取り組み　自覚　大道

東日本大震災における日本仏教界の動向について

（アンケート調査結果報告第二報）　藤森　雄介

コーディネーター　清水　海隆

〔日本仏教社会福祉学会第47回大会記録〕

〔日本仏教社会福祉学会第48回大会記録〕

〔事務局報告〕〔編集後記〕〔会則・理事会規程〕〔既刊号総目次・投稿規程〕

〔実践報告〕

いただいたいのちを生き切るケアプランとは―仏教と居宅介護支援―　佐伯　典彦

高齢者を中心とした「交流の場」づくりの実践報告　大塚　明子・金田　寿世

―映画上映を素材として―　渡邊　智明・井手　友子

矢吹　和子・五十嵐信泰

壬生　真康・石川　到覚

〔研究ノート〕

隠岐共生学園の社会事業―戦後の女学校・保育事業を中心に―　田中美喜子

〔第43号〕平成24年刊

〔第46回大会特別企画〕

子ども家庭福祉の動向と仏教社会福祉の可能性　柏女　霊峰

〔第46回大会誌上シンポジウム〕

『仏教』が果たす役割とは―児童養護施設の現場から考える―　徳岡　博巳

地域に保育所が存在する意味　蒲池　房子
　—お寺の保育園から発信するいのちの教育—
第46回大会公開シンポジウムについて　コーディネーター　清水　教惠
特別企画について　編集委員会

〔研究論文〕
災害救援者のための仏教を背景とした災害支援システムの必要性について　栗田　修司
　—メンタルヘルスの視点から—
臨終行儀書における介護・看病者の心得　長崎　陽子
仏教社会福祉における仏教保育研究の意義　佐藤　成道

〔事務局報告〕〔編集後記〕〔会則・理事会規程〕〔既刊号総目次・投稿規程〕

〔実践報告〕
死別に伴う在宅高齢者に対する宗教家の関わり方の検討　河村　諒
浅草寺福祉会館による思春期・青年期への支援事業　金田　寿世
井手　友子
壬生　真康
石川　到覚

〔研究ノート〕
「法華七喩」について—仏教福祉の視点から—　吉村　彰史
緩和ケア病棟における宗教者の活動の現状　村瀬　正光
　—ビハーラにおけるビハーラ僧—

〔第42号〕平成23年刊

〔第45回大会公開講演〕
「弘法大師空海の高野山開創と『誓願』」　藤村　隆淳
「人権・差別の歴史と現状」　藤本眞利子
「空海思想と仏教社会福祉」　藤田　和正

〔第45回大会公開シンポジウム〕
「仏教社会福祉から見た差別の構造とその克服」　パネリスト　小笠原正仁
大塚　秀高
近藤　祐昭
コーディネーター　山口　幸照

〔日本仏教社会福祉学会第45回大会記録〕

〔事務局報告〕〔役員名簿〕〔編集後記〕〔会則・理事会規程〕〔既刊号総目次・投稿規程〕

〔研究論文〕
日露戦争期における仏教団体の社会事業と地方改良事業　名和月之介
　—仏教婦人会の事業活動を中心に—
浅草寺福祉会館活動の史的展開　金田　寿世

渡邊　智明
壬生　真康
石川　到覚

〔調査報告〕
緩和ケア病棟における仏教者の評価―遺族調査から―　村瀬　正光

〔第41号〕平成22年刊

〔第44回大会公開講演〕
学問としての仏教社会福祉に、いま、問われているもの　中垣　昌美

〔第44回大会公開シンポジウム〕
前近代における仏教福祉の思想・実践の系譜について　シンポジスト　宮城洋一郎
―現代社会福祉へ問いかけるもの―
死ぬ苦しみからの解放　シンポジスト　田久保園子
現代社会福祉における仏教社会福祉の存在理由　シンポジスト　長上　深雪
―現状を踏まえた将来展望―　コメンテーター　足立　叡
武田　道生
コーディネーター　石川　到覚

〔日本仏教社会福祉学会第44回大会記録〕
〔事務局報告〕〔役員名簿〕〔編集後記〕〔会則・理事会規程〕〔編集規程・投稿規程〕

〔論文〕
バイステックの７原則と仏教思想―仏教理論の補完的導入―　池上　要靖

〔研究ノート〕
カンボジアの“開発僧”の社会活動について　作田　光照
ビハーラ病棟での実践からみえてくる仏教者の役割　森田　敬史

〔投稿論文〕
真宗障害者社会福祉に関する理論的研究　頼尊　恒信
―「われら」の地平をベースとして―

〔実践報告〕
生活困窮者のための葬送支援―平生から臨終の精神的苦痛を考える―　吉水　岳彦
正信偈に学ぶ仏教介護的視点について　佐伯　典彦

〔調査報告〕
日蓮宗における社会福祉事業・活動の現状と課題（２）　藤森　雄介
―アンケート調査結果からの考察―　渡邊　義昭

〔第40号〕平成21年刊

〔第43回大会公開講演〕
北海道開教と「大谷」　太田　清史

〔研究論文〕

“ブッダ最後の旅” に見る仏教的ケアの在り方　玉井　威

赤ん坊の研究―乳児福祉の根本問題―　金子　保

〔第38号〕平成19年刊

〔第41回大会公開講演〕

出世間道と菩薩道―仏教から見る人間と社会―　小山　一行

〔第41回大会公開シンポジウム〕

人権・社会問題と仏教社会福祉　シンポジスト　金刺　潤平
寺本　是精
近藤　祐昭
コーディネーター　菊池　正治

〔日本仏教社会福祉学会第41回大会記録〕

〔事務局報告〕〔役員名簿〕〔編集後記〕〔会則・理事会規程〕〔既刊号総目次・投稿規程〕

〔調査報告〕

浄土宗寺院と住職の社会福祉に関する活動と意識についての一考察　鷲見　宗信

〔研究論文〕

心の象徴と心の哲学的均衡点―福祉実践の哲学的方法論―　藤田　和正

聞名に開かれる共同体―真宗における健常者と障害者との共生の視座―　頼尊　恒信

〔第37号〕平成18年刊

〔第40回大会公開講演〕

私の中のキリスト教　西村　惠信

〔第40回大会公開シンポジウム〕

仏教とキリスト教の邂逅―その福祉実践と課題―　シンポジスト　阿部　志郎
秋山　智久
中垣　昌美
田代　俊孝
コーディネーター　長谷川匡俊

〔日本仏教社会福祉学会第40回大会記録〕

〔事務局報告〕〔役員名簿〕〔編集後記〕〔会則・理事会規程〕〔既刊号総目次・投稿規程〕

〔特別寄稿〕

『仏教社会福祉辞典』編纂と今後の課題　中垣　昌美

〔調査報告〕

仏教福祉実践報告―訪問調査を通して―　徳田　恵
石川　到覚
長谷川匡俊

〔第36号〕平成17年刊

〔第35号〕平成16年刊

〔第38回大会公開講演〕

地域福祉における仏教者の役割を考える　志田　利

〔第38回大会公開シンポジウム〕

地域福祉における仏教者の役割を考える　シンポジスト　石川　到覚
谷山　洋三
横山　義弘
志田　利
コーディネーター　池上　要靖

〔追悼文〕

仏教（真宗）カウンセリングを先駆けた西光義敞師逝く　中垣　昌美

〔研究ノート〕

壬生台舜と浅草寺福祉会館　金田　寿世
若林　清美
壬生　真康
石川　到覚

古義真言宗の近代社会事業史概観　北川　真寛

〔日本仏教社会福祉学会第38回大会記録〕

〔事務局報告〕〔役員名簿〕〔編集後記〕〔会則・理事会規程〕〔既刊号総目次・投稿規程〕

〔研究ノート〕

明治期にみる日蓮宗の児童保護事業の一考察　関　徳子

〔研究論文〕

鬼子母コンプレックス　金子　保

〔第34号〕平成15年刊

〔第37回大会公開講演〕

都市の中のもうひとつの癒しの場　秋田　光彦
―コミュニティと寺院の関係を再考する―

〔研究論文〕

仏教における慈悲と福祉　池田　敬正

〔実践報告〕

特養ホーム利用者への終末期の声かけに関する仏教的考察　佐伯　典彦

〔研究ノート〕

ビハーラ活動における超宗派の取り組み方について　大河内大博
―ビハーラ病棟での実践を通して―

〔日本仏教社会福祉学会第37回大会記録〕

〔事務局報告〕〔役員名簿〕〔編集後記〕〔会則・理事会規程〕〔既刊号総目次・投稿規程〕

コーディネーター　佐賀枝夏文

〔第32号〕平成13年刊

〔公開講演〕

アフリカの人々と動物　諏訪　兼位

〔公開シンポジウム〕

子どもと仏教福祉　シンポジスト　佐賀枝夏文
小野木義男
寺西伊久夫
宇治谷義雄
コメンテーター　奈倉　道隆
コーディネーター　吉田　宏岳

〔研究論文〕

記憶障碍者（健忘症）と介護者のみちゆき　喜多　祐荘
—孤独・求愛の真情に共感する存在（菩薩）—

仏教福祉と仏教看護　藤腹　明子
—看護における五つの側面の配慮を通して—　田宮　仁

近代仏教社会事業実践の成立と終焉　山口　幸照
—真言宗智山派を事例にして—

〔実践報告〕

浅草寺福祉会館における思春期への取り組み　金田　寿世
—スクールソーシャルワーク実践の試み—　渡辺　智明
石川　到覚
壬生　真康

〔研究ノート〕

仏教と精神保健福祉に関する研究　熊澤　利和
—家族の位置づけをめぐって—

介護サービス提供と仏教介護—介護実践の立場から—　佐伯　典彦

〔事務局報告〕〔会則・理事会規程〕〔会員名簿〕〔編集後記〕

〔第31号〕平成12年刊

〔公開講演〕

今、宗教福祉に問われるもの　阿部　志郎

〔公開シンポジウム〕

戦後日本の仏教系社会福祉事業の歩みと展望　シンポジスト　宮城洋一郎
落合　崇志
梅原　基雄

清水　海隆

コーディネーター　長谷川匡俊

〔研究論文〕

戦後の部落問題と仏教　近藤　祐昭

〔調査報告〕

寺院地域福祉活動の現状と可能性　小笠原慶彰

—本願寺派教団単位地域ブロック委員の意識調査を踏まえて—　中垣　昌美

〔研究ノート〕

浄土教福祉論の思想的問題　鈴木　善鳳

〔事務局報告〕〔会則・理事会規程〕〔会員名簿〕〔編集後記〕

〔第30号〕平成11年刊

〔公開講演〕

臨終と福祉—仏教とターミナル・ケア—　庵谷　行亨

〔公開シンポジウム〕

臨終と福祉　シンポジスト　庵谷　行亨

柴田　寛彦

金　貞鏞

コメンテーター　水谷　幸正

コーディネーター　田宮　仁

〔特別寄稿〕

日本仏教社会福祉学会の回顧と展望　西光　義敞

—薄明のなかにたたずみ想う—

〔研究論文〕

中西雄洞の修養論　土井　直子

—『労働共済』誌上にみる商工青年会と中西雄洞—

〔海外情報〕

バングラデシュの仏教福祉　その２　—社会福祉についての意識—　谷山　洋三

〔研究ノート〕

仏教社会福祉の主体的契機について　長崎　陽子

〔事務局報告〕〔会則・理事会規程〕〔会員名簿〕〔編集後記〕

〔第29号〕平成10年刊

〔公開講演〕

日米ボランティア考　猿谷　要

〔公開シンポジウム〕

仏教とボランティア活動　シンポジスト　中嶋　儀一

有馬　実成
大河内秀人
コメンテーター　重田　信一
コーディネーター　石川　到覚

〔研究論文〕
高齢者離婚事例に見る現代家族の危機　東　　一英
仏教社会福祉に関する日韓の比較研究　株本　千鶴
—その３　仏教系老人福祉施設利用者の生活実態をめぐって—　金　　貞鏞
田宮　　仁
戦前期における浅草寺社会事業に関する考察　大久保秀子
—『浅草寺社会事業年報』をめぐって—

〔海外情報〕
バングラデシュの仏教福祉　その１　—Āśram（養護施設）—　谷山　洋三

〔事務局報告〕〔会則・理事会規程〕〔会員名簿〕〔編集後記〕

〔第28号〕平成９年刊

〔公開シンポジウム〕
仏教福祉再考　シンポジスト　長谷川匡俊
中垣　昌美
高石　史人
司会　石川　到覚

〔研究論文〕
近代社会と仏教福祉実践—九条武子と関東大震災—　佐賀枝夏文
安達憲忠の仏教社会事業思想—『貧か富か』を中心に—　土井　直子
仏教司法福祉実践試論—高齢者離婚事件—　桑原　洋子
東　　一英
吉元　信行
新居　澄子

〔活動報告〕
東光寺における痴呆性老人のデイケアについて　木川　敏雄

〔研究ノート〕
浄土宗のこども図書館とコミュニティ—児童福祉の視点から—　栗田　修司

〔事務局報告〕〔会則・理事会規程〕〔会員名簿〕〔編集後記〕

〔第27号〕平成９年刊

〔公開講演〕
真言宗と社会福祉—高野山の場合—　和多　秀乗

〔公開シンポジウム〕

仏教福祉と地域社会—地域相扶と「共済」—　演者　池田　敬正

重田　信一

司会　岩見　恭子

〔特別分科会〕「仏教福祉と阪神・淡路大震災」

阪神大震災救助活動　川原　光祐

阪神・淡路大震災における　村井　龍治

真宗本願寺派寺院の被災状況および救援活動の実態　中垣　昌美

阪神大震災と仏教福祉　桂　泰三

高野山大学のボランティア活動報告　所　祥瑞

司会　菊池　正治

宮城洋一郎

〔研究論文〕

仏教社会福祉に関する日韓の比較研究　株本　千鶴

—その１　韓国・曹渓宗の仏教福祉活動を中心に—　金　慧棹

田宮　仁

瓜生　岩と児童救育事業　合田　誠

仏教婦人会活動と社会事業　中垣　昌美

—浄土真宗本願寺派の仏教婦人会を手がかりに—　徳広　圭子

〔活動報告〕

アーユス（仏教国際協力ネットワーク）の活動について　水谷　浩志

〔事務局報告〕〔会則・理事会規程〕〔会員名簿〕〔編集後記〕

〔第26号〕平成７年刊

〔公開講演〕

空也上人の生涯と思想　川崎　龍性

〔公開シンポジウム〕

仏教福祉と国際家族年　演者　安部　行照

岩見　恭子

中垣　昌美

司会　菊池　正治

〔研究論文〕

パーリ仏教における慈悲　柏原　信行

慈悲考—原始仏教に見られる福祉思想の原点—　谷山　洋三

大正期仏教免囚保護事業の動向　村井　龍治

滝村　雅人

現代僧侶の福祉意識　清水　海隆

鹿児島県の過疎問題と仏教福祉　桂　泰三

〔研究ノート〕

空海の密教における福祉理念―『大日経』を題材として―　湯通堂法姫

〔事務局報告〕〔会則・理事会規程〕〔会員名簿〕〔編集後記〕

〔第25号〕平成6年刊

〔公開講演〕

大西良慶和上の人となりと社会奉仕　森　清範

〔公開シンポジウム〕

日本における仏教福祉の原点を探る　演者　中井　真孝

宮城洋一郎

西光　義敞

助言者　中垣　昌美

北元　昍性

司会　池田　敬正

〔研究論文〕

仏教護国団と京都養老院の設立　池田　敬正

仏教司法福祉実践試論（2）　桑原　洋子

―家事調停事件と保護観察中の少年のケースを素材として―　東　一英

吉元　信行

新居　澄子

仏教社会事業学説史の研究　中垣　昌美

池田　和彦

〔実践報告〕

養護施設における家庭機能　松尾　正澄

〔海外情報〕

ライファーズ（終身刑者）の悲嘆と再生　島崎　義孝

〔事務局報告〕〔会則・理事会規程〕〔会員名簿〕

〔日本仏教社会福祉学会年報総目次〕〔編集後記〕

〔第24号〕平成5年刊

〔公開講演〕

子どもの仕合わせを考える―仏陀の教えをいただくものとして―　福田　杲正

〔公開シンポジウム〕

仏教思想が児童福祉に与える影響　演者　荻野　芳昭

佐賀枝夏文

福田　杲正

司会　一柳　豊勝

〔研究論文〕

ビハーラ活動の現代的役割　奈倉　道隆

―浄土真宗本願寺派の実践を通じて―

福祉の基底としての仏教　安藤　順一

平安仏教の社会的実践と良吏について　宮城洋一郎

大正期仏教児童保護事業の動向　中垣　昌美

―保育事業と日曜学校の関わりから―　村井　龍治

滝村　雅人

〔研究ノート〕

林霊法氏の仏教福祉論　服部　正穏

〔海外情報〕

国際ボランティア組織としてのSVA　原田　克己

〔事務局報告〕〔会則・理事会規程〕〔会員名簿〕〔編集後記〕

〔第23号〕平成４年刊

〔公開講演〕

人生は間取りよく　関山　和夫

〔公開シンポジウム〕

社会福祉実践における宗教の役割　演者　池田　敬正

岡田藤太郎

生駒　孝彰

司会　林　信明

〔研究論文〕

韓国仏教社会福祉の課題と展望　慎　燮重

仏教倫理と現代社会　水谷　幸正

黄衣のソーシャルワーカー―スリランカの仏教福祉事例―　上田　千秋

ターミナル・ケアと仏教福祉―その二―　田宮　仁

〔研究ノート〕

学生相談にみる福祉課題の諸相　佐賀枝夏文

〔施設紹介〕

京都文教短期大学付属家政城陽幼稚園　安藤　和彦

〔海外情報〕

アメリカ西海岸の仏教グループとエイズ・プロジェクト　島崎　義孝

〔事務局報告〕〔会則・理事会規程〕〔会員名簿〕〔編集後記〕

〔第22号〕平成３年刊

〔公開講演〕

仏教と福祉　武邑　尚邦

〔公開シンポジウム〕

老人福祉と仏教　演者　上田　千秋

前田甲子郎

武邑　尚邦

司会　宇治谷義雄

〔研究論文〕

重源の社会的実践について　宮城洋一郎

聖ヴァンサン・ド・ポールの信仰と救済　林　　信明

『浄土教報』等にみる「社会事業」展開の一考察
―とくに大正期について―　硯川　眞旬

ターミナル・ケアと仏教福祉―その１―　田宮　　仁

〔研究ノート〕

仏教社会福祉学における人物史研究
―明治期仏教慈善事業実践者を中心に―　村井　龍治

社会福祉におけるプルラリズム　奥山　桂子

〔施設紹介〕

養護施設「南山寮」　佐藤　憲章

〔自由投稿〕

仏教福祉の視覚と死角　島崎　義孝

〔学会だより〕

事務局報告、会則・理事会規程、会員名簿、編集後記

〔第21号〕平成２年刊

〔公開講演〕

仏教と福祉ボランタリズム　吉田　久一

〔公開シンポジウム〕

仏教福祉とターミナルケア　演者　原田　正二

黒川　昭登

福井　光寿

司会　中垣　昌美

桑原　洋子

〔研究論文〕

親鸞の福祉思想―主体性と連帯性―　上原　英正

近代日本免囚保護事業史における仏教寺院の役割　梅原　基雄

ターミナル・ケアにおけるホスピスとビハーラ　原田　克己

〔実践報告〕

老人ターミナルケアの問題—特別養護老人ホームでの実践を通じて—　兼頭　吉市

〔施設紹介〕

施設処遇の拡大と地方寺院の開放　菅野　弘一

〔学会だより〕

事務局報告、会則・理事会規程、会員名簿、編集後記

〔第20号〕平成元年刊

〔公開講演〕

仏教福祉への期待—市民の立場から—　水江　信雄

仏教福祉の可能性—対象喪失と悲哀の仕事—　小此木啓吾

〔第23回大会公開シンポジウム報告〕

仏教福祉とターミナル・ケア—仏教福祉の広がりを求めて—　田宮　仁

斎藤　芳雄

小泉　敬信

鵜飼　泉道

木曽　隆

〔論文〕

仏陀最晩年の福祉思想　吉元　信行

「ビハーラ」その空間への詩論　菅野　実

小野田泰明

間瀬　正彦

実行の人・加藤時次郎—その社会事業実践を中心に—　向井　啓二

近代大谷派教団社会事業の研究　佐賀枝夏文

—留岡幸助と大草慧実の対立抗争をめぐって—

〔研究ノート〕

知恩院社会課の社会事業活動について　松尾　信亮

〔実践記録〕

老人相談についての一考察　井上　敏機

—特別養護老人ホームを中心として—

〔学会だより〕

事務局報告、会則・理事会規程、会員名簿、編集後記

〔第19号〕昭和63年刊

〔第22回大会公開講演〕

良寛の社会福祉　柳田　聖山

〔特別寄稿論文〕

仏教社会福祉の回顧と展望　守屋　茂
　—人格的人間の失地回復をめざして—

〔論文〕

「福田会」の研究　小野　文珖
清水　海隆

叡尊の「非人」救済について　宮城洋一郎

非行臨床実務に生きる仏教理念　桑原　洋子
東　一英
吉元　信行

仏教カウンセリング（3）　木川　敏雄

〔実践記録〕

老人・病人に対する仏教ケア　西光　義敞

〔資料紹介〕

宗教大学の社会事業教育に伴う調査活動　石川　到覚
落合　崇志

〔学会だより〕

敬弔　吹田盛徳先生（上田千秋）、事務局報告、会員名簿、編集後記

〔第18号〕昭和62年刊

〔第21回大会公開講演〕

自然保護の論理と倫理　沼田　真

ディアコニアについて　深津　文雄

〔論文〕

仏教カウンセリング（2）　木川　敏雄
　—『大乗起信論』における熏習論のカウンセリング的理解—

ヒューマン・エコロジー派ソーシャル・ワークの「東洋的宗教」への問いかけ—C.B.Germain からの「評価」が「問いかけ」るもの—　岡田　真

律令国家の賑給政策と行基の救済事業　宮城洋一郎

観無量寿経に現れた社会福祉的援助法　宇治谷義雄

寺院の援助相談（その五）　佐藤　光兆
　—他人の問題で困っていることを訴える二つの事例について—

保育内容の研究—どろんこ保育の基礎理論—　塩川　寿平

〔学会だより〕

事務局報告、会則・理事会規程、会員名簿、編集後記

〔第17号〕昭和61年刊

〔大会公開講座〕

福祉と真宗　浜田　耕生

私と親鸞　三国連太郎

〔論文〕

大関尚之の仏教日曜学校観　村上尚三郎

仏教と老人福祉―老人ホームにおけるターミナル・ケア―　田宮　仁
小山　剛
兼頭　吉市

真宗教学の立場から見た社会福祉方法　宇治谷義雄

仏教カウンセリング　木川　敏雄

仏教福祉を取り入れた老人楽団の実践活動　寺本　正範

寺院の援助相談（その四）―中心的教本とその活用（２）―　佐藤　光兆

浄土教における仏教社会福祉活動の原理　奈倉　道隆

〔学会だより〕

事務局報告、会則・理事会規程、会員名簿、編集後記

〔第16号〕昭和60年刊

〔第19回大会公開講演〕

現代における福祉問題の焦点　林　霊法
―社会福祉に対する基本的な疑問―

〔論文〕

社会福祉の危機と仏教福祉―基礎福祉と社会的連帯を追う―　守屋　茂

近代における本願寺教団と社会事業　中垣　昌美
長上　深雪

寺院の援助相談（その三）―中心的教本とその活用について―　佐藤　光兆

ソーシャルワークにおける仏教理念の活用　桑原　洋子
―ソーシャルワーク実践試論―　吉元　信行
東　一英

〔学会だより〕

事務局報告、会則・理事会規程、会員名簿、編集後記

〔第15号〕昭和59年刊

〔第18回大会公開講演〕

菩薩について　真野　龍海

〔論文〕

宗教大学社会事業研究室の開室をめぐって　落合　崇志

石川　到覚

武内了温にみる社会事業観　菊池　正治

寺院の援助相談（その二）　佐藤　光兆

—感情誘因性妄想様思考の来談者について—

老人の終末への不安と仏教社会福祉—安楽死論議への疑問—　奈倉　道隆

ある生活保護受給老人の生活保障問題と寺院・地域社会　伊藤　秀一

—東北の人口一万余の町の場合—

〔学会だより〕

事業局報告、会則・理事会規程、会員名簿、編集後記

〔第14号〕昭和58年刊

〔第17回大会公開講演〕

仏教者の社会的役割　信楽　峻麿

〔論文〕

仏教と社会福祉の接点—前提条件についての試論—　田宮　仁

仏教者の「社会福祉」活動は今後も先駆性をもつか　佐々木元禧

—仏教徒方面委員活動から思いいたること—

仏教社会事業の再吟味　守屋　茂

—親鸞のいう浄土の慈悲を視点として—

障害者福祉と禅—禅門仮名法語からの考察—　池田　豊人

〔学会だより〕

会則、理事会規程、会員名簿、編集後記

〔第13号〕昭和57年刊

〔第16回大会公開講演〕

障害者への理解のために　掘　要

〔シンポジウム〕

障害者福祉における仏教者の立場　高石　史人

常盤　勝憲

寺嶋　久男

〔論文〕

盲人教育・福祉における仏教の役割—「慈眼視衆生」山本暁得と仏眼協会—　赤阪　一

昭徳会における仏教福祉　宇治谷義雄

音楽を通した仏教福祉の実践　寺本　正範

寺院に於ける援助相談について　佐藤　光兆

国際障害者年と仏教教団　大橋　隆憲

〔学会記事〕

〔第12号〕昭和56年刊

〔シンポジウム〕

近代仏教と社会福祉―大乗仏教の立場から見る―　森永　松信

〔論文〕

仏教社会事業の課題　守屋　茂
―体験としての全人格的人間像を目指して―

近代仏教と社会福祉　芹川　博通

〔学会記事〕〔会員名簿〕

〔第11号〕昭和54年刊

〔論文〕

浄土真宗における社会福祉　宇治谷義雄

大乗仏教精神と社会福祉　森永　松信

仏教社会事業史一考―仏教教団と社会事業従事者養成―　菊池　正治

佐伯祐正にみる社会事業観　込谷　明

アメリカにおける社会福祉と仏教　西光　義敞

仏教における障害者観の一考察Ⅰ　内海　正
―主として概念及び原因論について―

時衆における四恩思想について　早坂　博

障害児教育・福祉開創の軌跡―近代京都の精神風土―　赤阪　一

あいりん地区の就労形態―手配師と公的あっせん―　釈　智徳

〔第9・10合併号〕昭和53年刊

〔論文〕

浄土教と社会福祉　奈倉　道隆
奈倉　民子

四無量再考　村上　真完

作法に関する道元の説示と精神薄弱教育　内海　正
―基本的生活習慣の教育的意義―

西光万吉における「親鸞」　近藤　祐昭

仏教社会事業の問題点　西山　廣宣
―施設機関と宗教（仏教）との関係―

聖徳太子の慈悲観　望月　一憲

「自閉児の教育の方法」に関する考察　河添　邦俊

〔発表レジメ〕

長谷川良信の仏教社会事業について　長谷川匡俊

救療事業と真言律　広瀬　智一

一遍と非人の問題について　早坂　博

〔学会記事〕

〔第７・８合併号〕昭和50年刊

〔論叢〕

日本仏教社会事業への提言—風土と主体性を中心に—　上田　官治

老人が神仏に楽死を祈る流行　福原　蓮月

〔所感〕

年報特集号「仏教社会事業の基本問題」について　上田　官治

仏教社会事業の諸説を巡って　守屋　茂

〔学会記事〕〔消息〕

〔年報特集号〕『仏教社会事業の基本問題』昭和49年刊

仏教社会事業の現状と問題点　西光　義敞

大衆の福祉開発をめざして　福原　亮厳

核心としての精神的要素　道端　良秀

自他の価値づけと妥当の普遍化　森永　松信

内観的主体性の確立　西山　廣宣

仏教社会事業の論理　守屋　茂

〔第６号〕昭和49年刊

〔論叢〕

平安時代の社会救済活動について　早坂　博

仏教社会事業の将来に対する問題点　田岡　貫道

教団社会事業の特質　原田　克己

東北仏教社会事業の歴史的検討　田代国次郎

社会福祉の動向と仏教社会福祉事業　中田　幸子

〔学会記事〕

〔第４・５合併号〕昭和48年刊

〔論叢〕

社会生活と仏教社会福祉　森永　松信

イデオロギーと仏教社会福祉学　西山　廣宣
—仏教と社会主義ということを中心に—

仏教社会事業考察の前提　清水　教恵

仏教社会事業の回顧と東北仏教社会福祉史の研究　田代国次郎

最澄の思想と社会事業　早坂　博

佐伯祐正における仏教と社会事業　中下　公陽

社会福祉専門職集団における宗教とエトス　原田　克己

〔学会記事〕

〔第２・３合併号〕昭和46年刊

〔論叢〕

慈悲行の成立に関して　村上　真完

仏教福祉理念としての檀波羅蜜についての一試論
—仏教改革の思想（二）—　西山　廣宣

明治期における仏教社会事業—近代仏教の形成と児童保護—　加藤　展博

聴くことの背景　松田　紹典

仏教社会事業と福祉国家論　原田　克己

仏教社会事業のねらい（究極するもの）　福井　豊信

仏教社会事業の基本的性格について—東洋的伝統を顧みて—　守屋　茂

仏教社会福祉論の成立基底　武田　忠

民間遊行僧の救済活動とその思想的背景　早坂　博

仏教社会福祉の基本的原理　森永　松信

〔第１号〕昭和44年刊

〔研究発表〕（要旨）

仏教慈悲思想—聖徳太子を中心として—　早坂　博

中国仏教社会福祉の問題点　道端　良秀

コミュニティーセンターとしての寺院の役割　北崎　耕堂

新興宗教の功罪と社会福祉　中村　康隆

仏教相談活動の問題点　西光　義敞

〔学会記事〕〔仏教社会事業関係文献目録〕〔学会会則〕〔会員等名簿〕

『日本仏教社会福祉学会年報』編集規程

2015年４月25日施行

（名称）

第１条　本誌は、日本仏教社会福祉学会の機関誌『日本仏教社会福祉学会年報』（Japanese Journal of Buddhist Social Welfare Studies）と称する。

（目的）

第２条　本誌は、原則として本学会年次大会報告および本学会会員の仏教社会福祉研究に関する発表にあてる。

（資格）

第３条　本誌に投稿する者は、共著者も含めて本学会会員の資格を得ていなければならない。

（発行）

第４条　本誌は、原則として１年１号を発行するものとする。

（内容）

第５条　本誌に、研究論文、研究ノート、実践報告、調査報告、海外情報、資料紹介、図書紹介、その他の各欄を設ける。

（編集）

第６条　本誌の編集は、日本仏教社会福祉学会会則第４条第３項および第７条の規定に基づき機関誌編集委員会が行う。

（編集委員会の役割）

第７条　編集委員会の役割は、「日本仏教社会福祉学会機関誌編集委員会規程」による。

（投稿要領）

第８条　投稿原稿は、「日本仏教社会福祉学会機関誌『日本仏教社会福祉学会年報』投稿要領」にしたがって作成するものとする。

（著作権）

第９条　本誌に掲載された著作物の著作権は、日本仏教社会福祉学会に帰属する。

（事務局）

第10条　編集事務局は、日本仏教社会福祉学会事務局に置く。

（規程の変更）

第11条　この規程を変更するときは、理事会の議を経なければならない。

附則

この規程は、2015年４月25日より施行する。

日本仏教社会福祉学会機関誌『日本仏教社会福祉学会年報』投稿要領

2015年４月25日施行

1．日本仏教社会福祉学会会則第７条および『日本仏教社会福祉学会年報』編集規程第２条に基づき、投稿者は共著者を含め、原則として投稿の時点で学会員資格を得ていなければならない。

2．投稿の種類は、研究論文、研究ノート、実践報告、調査報告、海外情報、資料紹介、図書紹介、その他とし、研究論文、研究ノート、実践報告、調査報告は、原則として本会会員による自由投稿とする。掲載ジャンルは編集委員会において決定する。

3．投稿する原稿は、未発表のものに限る。

4．投稿原稿は、１編ごとに独立、完結したものとして扱う。したがって、表題に「上・下」「１報・２報」「Ⅰ・Ⅱ」等をつけない。

5．投稿の締切りは、毎年１月末日とする。

6．投稿原稿は、図表・注・引用文献を含めて20,000字以内とする。図表は１点につき600字換算とするが、１ページ全体を使用する図表については1,600字換算とする。

7．投稿するにあたっては、以下を厳守する。

(1) 原則としてワードプロセッサー等で作成し、縦置きA4判用紙に印刷した原稿３部および原稿の内容を入力した電子媒体を日本仏教社会福祉学会事務局宛に送付する。３部の内、１部を正本、２部を副本とする。

(2) 副本の本文では、著者の氏名、所属、謝辞および著者を特定することのできるその他の事項をマスキング等の方法で伏せる。文献一覧等の表記でも、本人の著を「筆者著」「拙著」等とせず、筆者名による表記とする。

(3) 正本、副本とも３枚の表紙をつけ、本文にはタイトル（英文タイトル併記）のみを記載し、所属、氏名等個人を特定できる情報を記載しない。

(4) 正本の表紙１枚目には、①タイトル、②所属、③氏名（連名の場合は全員、ローマ字併記）、④連絡先を記入する。副本の表紙１枚目は、①タイトル以外は、マスキングする。

(5) 表紙の２枚目には、和文抄録（400字以内）とキーワード（５語以内）を記載する。

(6) 表紙の３枚目には、英文抄録（200字以内）と英文キーワード（５語以内）を記載する。

8．投稿された原稿および電子媒体は返却せず、２年間保存のうえ、廃棄する。

9．投稿原稿掲載の可否は、機関誌編集委員会が決定する。ただし、論文、研究ノートとして掲載される場合は、査読委員の審査に基づき機関紙編集委員会が決定する。したがって、「査読付」と明示できるのは、「論文」「研究ノート」として採用・掲載されたものに限る。

10．文章の形式は、口語体、常用漢字を用いた新仮名づかいを原則とする。注や引用の記述形式は、「日本社会福祉学会機関誌『社会福祉学』執筆要領〔引用法〕」を標準とする。ただし、他学会等で公認されている引用法による場合は、その引用法を明記するものとする。

11. 投稿原稿に利用したデータや事例等について、研究倫理上必要な手続きを経ていることを本文または注に明記する。また、記述においてプライバシー侵害がなされないように細心の注意をする。
12. 査読による修正の要請については、論文の修正箇所を明示し、対応の概要について編集委員会あてに回答する。また、査読に対する回答の必要がある場合も編集委員会あてに行う。
13. 査読を行わない論稿についても必要に応じて編集委員会より修正を求める。
14. 掲載決定通知後の最終原稿は次のとおり作成する。
    ① 本文・注・引用文献については、印字した原稿とWordまたはテキスト形式で保存した電子媒体を提出する。
    ② 図表は、本文とは別に1葉ごとにA4判にコピーして提出する。図表の挿入箇所は、本文に明記する。なお、特別の作図などが必要な場合には、自己負担を求める。
15. 自由投稿によって掲載された論稿については、抜き刷りを作成しない。その他の論稿については、編集委員会の判断による。
16. 投稿原稿の採否に関して不服がある場合には、文書にて委員会に申し立てることができる。また、委員会の対応に不服がある場合には、日本仏教社会福祉学会理事会に申し立てることができる。
17. 海外情報欄は仏教社会福祉実践およびその研究動向の紹介にあて、その依頼は委員会が行う。
18. 資料紹介、図書紹介欄は、国内外の仏教社会福祉研究に関する文献・史資料の紹介にあて、その依頼は委員会が行う。
19. 本要領の変更は、日本仏教社会福祉学会機関誌編集員会で検討し、理事会の議を経なければならない。

附則

1　この要領は、2015年4月25日から施行する。

投稿原稿の年報掲載に至るフローチャート

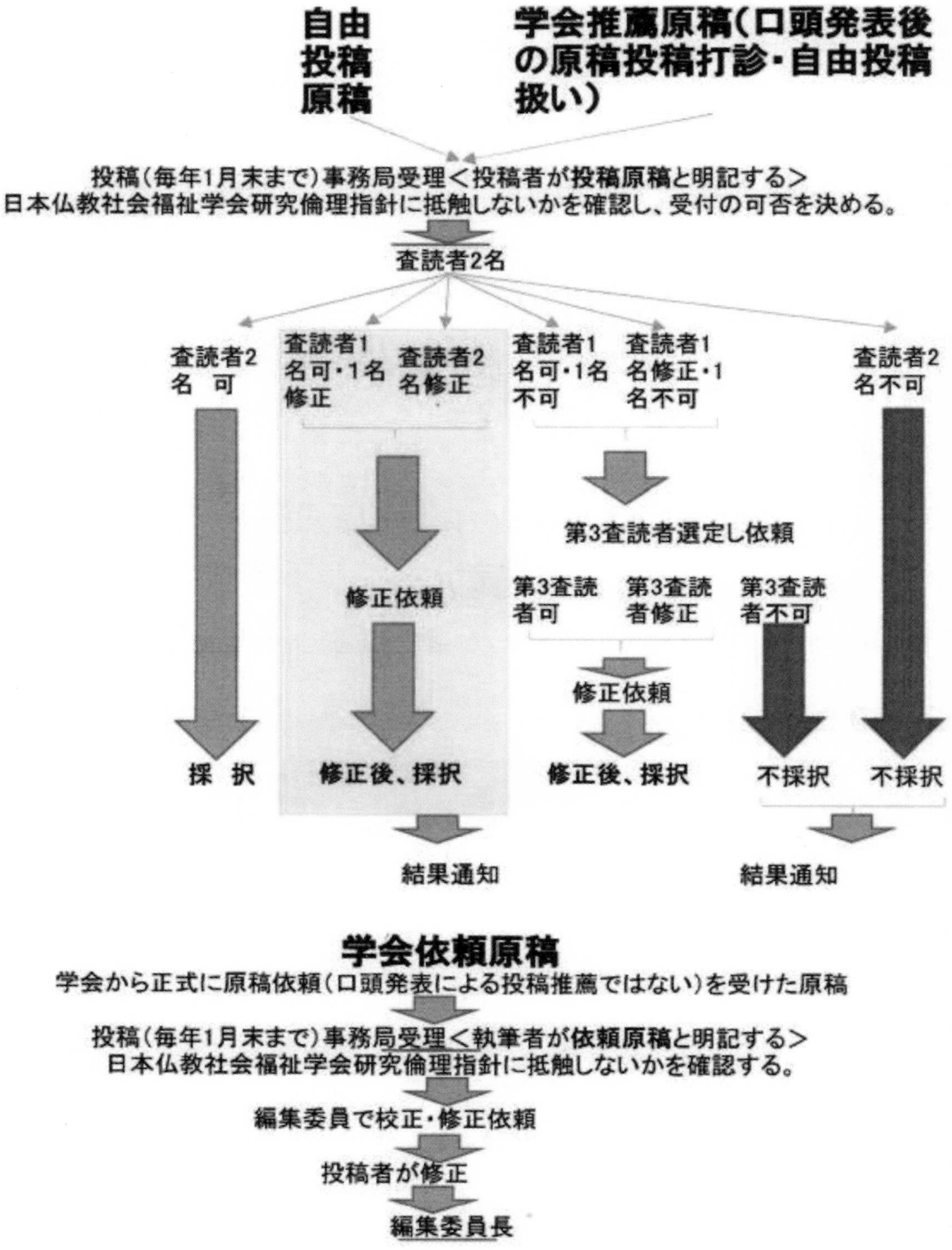
自由投稿原稿
学会推薦原稿（口頭発表後の原稿投稿打診・自由投稿扱い）
投稿（毎年1月末まで）事務局受理＜投稿者が投稿原稿と明記する＞
日本仏教社会福祉学会研究倫理指針に抵触しないかを確認し、受付の可否を決める。
査読者2名
査読者2名可
査読者1名可・1名修正
査読者2名修正
査読者1名可・1名不可
査読者1名修正・1名不可
査読者2名不可
第3査読者選定し依頼
第3査読者可
第3査読者修正
第3査読者不可
修正依頼
修正依頼
採択
修正後、採択
修正後、採択
不採択
不採択
結果通知
結果通知
学会依頼原稿
学会から正式に原稿依頼（口頭発表による投稿推薦ではない）を受けた原稿
投稿（毎年1月末まで）事務局受理＜執筆者が依頼原稿と明記する＞
日本仏教社会福祉学会研究倫理指針に抵触しないかを確認する。
編集委員で校正・修正依頼
投稿者が修正
編集委員長

日本仏教社会福祉学会機関紙　号　投稿原稿査読結果シート1

受理年月日　　　　　年　　月　　日　番号　　　　　　以下、いずれかに○をつけてください。

1	投稿要領に適合していますか。	適	不適
2	和文抄録および英文抄録の内容は適切ですか。	適	不適
3	キーワードは適切ですか。	適	不適
4	研究目的および仮説や研究で明らかにしたいことは明確ですか。	適	不適
5	先行研究は的確ですか。	適	不適
6	研究方法は適切ですか。	適	不適
7	論理の一貫性はありますか。	適	不適
8	研究の限界を提示していますか。	適	不適
9	考察や結論は適切ですか。	適	不適
10	引用の形式は適切に書かれていますか。	適	不適
11	文章の表現は適切ですか。	適	不適
12	専門用語の使用は適切ですか。	適	不適
13	図表の番号、タイトル、出典は、明確に記載されていますか。	適	不適
14	研究倫理上の問題はありませんか。	適	不適
15	その他については査読結果シート2に記入ください。	記入あり	記入無し

査読結果シート2

査読結果を以下の通り報告します。

1. 査読審査した論文の内容、展開について問題はありません。このまま、掲載可といたします。いずれかを○で囲んでください。⇒　原著論文・研究ノート

2. 査読審査した内容、展開にはとくに問題ありません。ただし、つぎのことについて点検をして、再提出を依頼します。いずれかを○で囲んでください。⇒　原著論文・研究ノート

3. 査読審査した論文は、以下の理由で、原著論文や研究ノートとして掲載不可とします。

査読年月日＿＿＿＿年＿＿＿月＿＿＿日　査読委員署名＿＿＿＿＿＿＿＿＿＿

日本仏教社会福祉学会機関誌編集委員会規程

2015年４月25日施行

（設置）

第１条　日本仏教社会福祉学会会則第４条第３項および第７条の規定に基づき機関誌編集委員会（以下「委員会」）をおく。

（任務）

第２条　委員会は、日本仏教社会福祉学会機関誌『日本仏教社会福祉学会年報』発行のため必要な編集・原稿依頼・投稿論文の審査・刊行などの事務を行う。

（構成）

第３条　委員会は、編集委員長および委員で構成される。

２　編集委員長には担当理事をもって充てる。

３　委員は編集委員長の推薦により、理事会の議に基づき、代表理事が委嘱する。

（任期）

第４条　委員長、委員の任期は３年とする。

２　ただし、再任は妨げない。

（委員会）

第５条　編集委員長は、原則として年１回、学会大会期間に合わせて委員会を招集する。

２　委員会は、機関誌編集および査読制度に関する基本事項について協議する。

３　委員会は、第２項に関わらず、必要に応じて電子通信等その他の手段を用いて適宜意見交換する。

（査読委員の委嘱）

第６条　投稿論文の審査のため、査読委員をおく。

２　査読委員は委員会の推薦に基づき、代表理事が委嘱する。

３　査読委員の任期は３年とする。

４　代表理事は委員会の推薦に基づき、特定の論文を審査するため臨時査読委員を委嘱することができる。

５　査読委員および臨時査読委員は、委員会の依頼により、投稿論文・研究ノートを審査し、その結果を委員会に報告する。

６　委員会は、査読委員の審査報告に基づいて、投稿論文・研究ノートの採否、修正指示等の措置を決定する。

（疑義・不服への対応）

第７条　委員会は、投稿者から査読内容もしくは採否決定に関して疑義・不服が申立てられた場合には、速やかに対応し回答する。なお、委員会の回答に疑義・不服がある場合、理事会に申立てることができる。

（規程の変更）

第８条　この規程を変更するときは、理事会の議を経なければならない。

附則

１　この規程は、2015年４月25日より施行する。

２　委員の任期は、理事会の任期に同じとする。

日本仏教社会福祉学会会則

第一条（名称）本会は、日本仏教社会福祉学会（Japanese Association for Buddhist Social Welfare Studies）と称する。

第二条（事務局）本会の事務局は、代表理事の指定した地におく。

第三条（目的）本会は、仏教社会福祉に関する学術的研究及び仏教社会福祉事業の推進を目的とする。

第四条（事業）本会は、その目的を達成するため、次の事業を行う。

1　学術大会、講演会、研究会等の開催

2　仏教社会福祉関係の施設及びその従事者との連絡、発展普及のための事業

3　機関紙その他必要な刊行物の発行

4　その他、必要な事業

第五条（会員・会費）本会の会員は次の通りとし、所定の年会費を納めることとする。選挙権・被選挙権については別に定める。

1　個人会員　本会の趣旨に賛同する個人で、理事会の承認を経た者

1－1　一般会員　年会費8,000円

1－2　学生会員　年会費3,000円。個人会員のうち、大学・大学院・専門学校等の教育機関に在学している者（本人の申請による。一般会員に変更可。なお、卒業または修了と同時に一般会員に移行する）

1－3　賛助会員　年会費5,000円。個人会員のうち、満65歳以上の者（本人の申請による。一般会員に変更可）

1－4　実践会員　年会費5,000円。個人会員のうち、仏教社会福祉を実践する者（本人の申請による。一般会員に変更可。

2　団体会員　本会の事業促進のために助成をなす団体で、理事会の承認を経た者。
年会費30,000円とする

3　名誉会員　本会に功労のあった個人で、別に定める「名誉会員基準」を満たし、理事会の承認を経た者。名誉会員は会費の納入を要しない

第六条（入会）本会に入会を希望する者は、申込書を本会事務局に提出し所定の会費を納めるものとする。

第七条（会員の権利）

1　会員は、本会刊行物の配布を受け、各種の会合に出席し、また年報及び大会において、その研究を発表することができる。但し、会費を前年度分まで納入していない者は、年報及び大会において、その研究を発表することが出来ず、刊行物の配布を受けられない

２　選挙権・被選挙権については、理事選出規定において別に定める

第八条（退会）退会を希望する者は、退会届を本会事務局に提出する。なお、退会の承認は退会届が提出された年度の年度末とし、過年度分の未納会費ならびに当該年度の会費を納めることとする。また、如何なる場合でも既納の会費は返還しない。会費を３年以上にわたって滞納した者は、理事会において退会したものとみなすことがある。

第九条（役員）本会は次の役員をおく。

１　理事　　若干名、うち一名を代表理事とする。なお、理事会に関する規定は別に定める

２　監事　　２名

第十条（役員の選出）理事及び監事は、別に定める選出規程に基づいて選出し、総会の承認を得る。代表理事は理事会の中から互選する。

第十一条（役員の任期）役員の任期を次の期間とする。

１　役員の任期は３年とする。但し再任は妨げない。就任の期日を４月１日とし、任期終了の期日は３月31日とする。但し、中途において就任した役員の任期は前任者の残任期間とする

２　代表理事の任期は一期３年である。但し、再任の場合は連続二期までとする。また、通算で三期を上限とする

第十二条（職務）代表理事は、本会を代表し会務を施行する。代表理事が事故あるときは、理事の一人が代行する。

監事は、会務及び会計の執行状況を監事する。

第十三条（委員）理事会は、委員を委嘱することができる。委員は、会務執行の促進を図る。

第十四条（事務職員）本会の事務局に事務職員をおく。

第十五条（総会）本会は毎年一回総会を開く。必要がある場合には臨時総会を開くことができる。

第十六条（決議）総会、理事会の議事は出席者の過半数をもって決する。

第十七条（経費）本会の経費は、会費・寄附金及びその他の収入をもってこれにあてる。

第十八条（予算・決算）本会の予算及び決算は、理事会の議を経て、総会によって決定する。

第十九条（会計年度）本会の会計年度は、毎年４月１日に始まり、翌年３月31日で終わるものとする。

第二十条（会則変更）会則の変更は、総会の議決によるものとする。

付則

１　この会則は、昭和四十一年十一月十一日より施行する

２　この会則は、昭和四十五年十月十七日より施行する

３　この会則は、昭和五十二年十月十五日より施行する

4　この会則は、昭和六十二年四月一日より施行する
5　この会則は、平成元年十月二十八日より施行する
6　この会則は、平成十三年十二月一日より施行する
7　この会則は、平成十六年九月十一日より施行する
8　この会則は、平成十七年九月十日より施行する
9　この会則は、平成十八年九月九日より施行する
10　この会則は、平成二十八年十月一日より施行する
11　この会則は、平成三十年九月二十九日より施行する

日本仏教社会福祉学会理事選出規程

第一条（制定の根拠）

本規程は、「日本仏教社会福祉学会会則」第五条（会員）・第九条（役員）・第十条（役員の選出）により、これを制定する。

第二条（選挙管理委員会）

理事会が指名する理事１名と若干名の会員で選挙管理委員会を組織する。

第三条（選挙権・被選挙権）

選挙権及び被選挙権を有する者は、選挙が行われる年の４月１日までに、前年度までの会費を納入している会員とする。

１．一般会員は選挙権、被選挙権をともに有する。
２．学生会員は選挙権、被選挙権をともに持たない。
３．賛助会員は選挙権のみを有する。
４．実践会員は選挙権のみを有する。
５．団体会員は選挙権、被選挙権をともに有する。
６．名誉会員は選挙権のみを有する。

第四条（理事の構成および定員）

１．本学会の理事は、個人会員選出理事（以下、個人理事）と団体会員選出理事（以下、団体理事）とする。なお、団体理事は、当該団体の代表者にこだわらず、学会会員たる者とする。
２．理事定員は18名とする。理事の選出にあたっては、ａ．選挙による選出枠を10名、ｂ．被選出者による推薦枠を８名以内とする。
　ａ．選挙による選出枠のうち、個人理事を７名、団体理事を３名とする。
　ｂ．被選出者による推薦枠のうち、個人理事と団体理事の比率は特に定めないが、地域的配分が考慮されることが望ましい。

第五条（理事選出の方法・手順・理事役員会の構成）

１．個人理事の選出にあたっては、各個人会員が２名を連記する無記名投票により得票数の多い順により選出する。
２．団体理事の選出にあたっては、各団体会員が２団体を連記する無記名投票により得票数の多い順により選出する。
３．個人会員・団体会員別に選挙を実施し、得票数の上位者より定数までを理事候補者とし、選出された理事候補者からの推薦理事候補者と併せてこれを総会の議に諮る。
４．代表理事は総会の承認を得た理事の互選によって選出する。
５．監事は、理事会の推薦により決定する。その職務の内容から、少なくとも１名は本会事務所の所在地に近在の者が望ましい。

以上

（平成10年９月12日　総会承認）
（平成13年12月１日　改正承認）
（平成15年10月18日　改正承認）
（平成16年９月11日　改正承認）
（平成18年９月９日　改正承認）
（平成21年９月５日　改正承認）
（平成30年９月29日　改正承認）

日本仏教社会福祉学会理事会規程

一　本会は理事をもって組織する。
二　本会は日本仏教社会福祉学会の会務を執行する。
三　本会は代表理事が招集する。
四　本会に議長を置き、代表理事をもって充てる。
五　二分の一以上の理事から理事会の招集を請求された場合には、早急にこれを招集するものとする。
六　本会は理事総数の二分の一以上の理事の出席をもって成立するものとする。
七　本会の議事は出席者の過半数で決し、可否同数のときは議長の決定するところによる。
八　議長は理事会の開催場所、日時、決議事項及びその他の事項について議事録を作成するものとする。
九　議事録には、出席理事全員が署名捺印し、常にこれを学会事務所に据え置くものとする。
十　名誉会員は理事会にオブザーバーとして出席することができる。

日本仏教社会福祉学会内規

(1) 慶弔に関する内規
一　日本仏教社会福祉学会の名誉会員及び理事・監事の現職及び経験者を対象として、一万円を上限として祝電等の対応を取ることが出来る。

以上
(平成十四年九月七日　総会承認)
(平成十六年九月十一日　改正承認)

(2) 名誉会員推薦基準内規
一　日本仏教社会福祉学会の名誉会員の推薦基準は、「１」を満たした者の内、２または３の一つ以上に該当するものと定める。
１．推薦時の年齢が75歳以上の者。
２．代表理事経験者。
３．理事・役員の延べ在任期間において３期又は９年以上の者。但し、理事は個人理事としての期間のみを計上する。

(3) 研究会、勉強会等開催の際の講師謝礼に関する内規
一　日本仏教社会福祉学会として開催する研究会、勉強会等に際して講師を依頼する場合、予算の範囲内において、以下の基準を上限として、講師謝礼を支払う事ができる。
１．本会会員の場合、5,000円を上限とする。
２．本会会員以外の場合、20,000万円を上限とする。

以上
(平成二十八年十月一日　改正承認)

日本仏教社会福祉学会研究倫理指針

2016年10月１日施行

第１　総　則

（目的）

日本仏教社会福祉学会は、本学会会員の研究倫理および研究過程および結果の公表等に関して本指針を定める。

（遵守義務）

１．日本仏教社会福祉学会会員は、研究および研究過程・結果の公表に際して、関係法令の遵守や社会人としての一般的な倫理や注意義務は言うまでもなく、研究者としての倫理が付加的に要請されることを自覚し、本指針に則って行動しなければならない。

第２　指針内容

１．研究者は、盗用は言うまでもなく、その疑義を生じさせる行為も、研究倫理違反であると自覚しなければならない。

２．研究者は、引用に際して著作権法等の関係法令を遵守することは言うまでもなく、それ以上に求められる研究倫理上の手続きも踏まえなければならない。

３．研究者は、事例研究法を用いる場合、事例の対象者（当事者）の個人情報の保護等に関して、個人情報保護法等の関係法令を遵守することは言うまでもなく、それ以上に求められる研究倫理上の手続きも尊重しなければならない。

４．研究者は、調査研究法を用いる場合、研究者の所属する機関、または当該調査の実施に当たって承認を得なければならない機関の研究倫理委員会において、その調査が承認されていなければならない。この場合、その承認の事実について明示的に示されていなければならない。ただし、倫理委員会への付議を要さない調査研究については、この限りではないが、一般的な研究倫理を逸脱してはならない。

５．研究者は、書評に際して、公正・客観的でなければならない。

６．書評者は、著者の反論に応答しなければならない。

７．査読に際して、著者と査読者双方が匿名を厳守しなければならない。

８．査読者は、公正・客観的に査読を行わなければならない。

９．査読者は、著者の反論に応答しなければならない。

10．研究者は、いかなる研究誌に対しても多重投稿を行ってはならない。

11．研究者は、研究慣行上許容される場合を除いて、同一内容の研究成果を重複公表してはならない。

12．研究者は、研究誌への投稿に際して、投稿規程、執筆要領等を遵守することは言うまでもなく、不当な不服申し立てを行ってはならない。

13. 研究者は、学会発表に申し込んだ後は、慣行上許容される場合を除いて、発表を辞退してはならない。また要旨集の作成、発表資料の作成、発表時間、発表方法その他の必要な事項について、学会および年次大会実行委員会等の定めたルールにしたがわなければならない。
14. 研究者は、所属機関および他の機関により支給される研究費を用いて研究する場合は、補助金等に係る予算の執行の適正化に関する法律等の関係法令を遵守することは言うまでもなく、研究費の供与機関が定める関係規程や慣行を遵守しなければならない。
15. 研究者は、差別的表現とされる用語や社会的に不適切とされる用語を研究目的に沿って慣行上許容される場合しか使用してはならない。また、許容される理由について明示的に示されていなければならない。
16. 研究者は、差別的表現とされる用語や社会的に不適切とされる用語に関して、一般的に求められる水準以上の感受性を持つよう努力しなければならない。
17. 研究者は、いかなるハラスメントあるいはその類似行為も行ってはならない。
18. 研究者は、いかなる中傷あるいはその類似行為も行ってはならない。
19. 研究者は、共同研究の成果を公表する場合、研究・執筆に関わった者のすべての氏名を明記しなければならない。

附則

1　この指針は、2016年10月１日より施行する。

日本仏教社会福祉学会年報

５３号

令和６年３月

２０２４.３

日本仏教社会福祉学会

目次

〈書籍紹介〉

〈実践報告〉

〈研究ノート〉

〔五十五回大会〕

基調講演

「銭湯のある暮らし」

『旅先銭湯』編集発行人・一般社団法人島風呂隊代表理事　松本　康治

寺院の浴室

現在の日本の銭湯は、江戸時代の江戸や上方をはじめ各地にたくさんあったものが形を変えながら発展してきたものです。直接の流れとしてはそうですが、お湯を沸かして、そこに人々が集まって一緒に湯をつかうスタイルのルーツはお寺のお風呂である、とも言われます。

現存する最古の浴室は、東大寺の大湯屋です。奈良時代に創建され、兵火で焼けて鎌倉時代に再建された国の重要文化財です。何年か前に一般公開され、私も見に行きました。大きな建物の中に唐破風のついた浴室があり、その中に鉄製の大きな湯船があります。この湯にみんなで浸かったわけではなく、ここに湯を沸かして掛け湯をしたということです。僧侶が身を清めるための風呂だったようですが、ここには光明皇后による施浴の伝説があり、ブッダのエピソードになぞらえた話だと思いますが、それが公衆浴場のルーツと言われたりもするようです。（写真1〜3）

そして時は移りまして妙心寺の浴室、これも今拝見することができます。妙心寺は京都の大きな大きなお寺で、私は学生時代にこの近くに住んでおりまして、妙心寺の中は通学路だったんですけれども、その南の方にこの浴室があります。（写真4）

明智風呂とも言われ、明智光秀の供養のために建てられたということです。この建物の中に東大寺と同じように唐破風の小屋がありまして、奈良時代からの伝統がずっと十六世紀まで続いてるんだなと思います。「開浴」と書いてますね（写真5〜6）。お湯というのはやっぱりありがたいものだった。明智光秀を偲んで、みんなが「悪いことしたな、大変な時代になったな」ということで、ここでお風呂に入ることで供養しようというようなことかなと思います。

写真1

写真2

写真3

写真4

写真5

写真6

もっとも東大寺に比べたらずいぶんコンパクトで、鉄の鍋ではなく木の浴槽です。釜場が残っており、左端の竹筒から水が入って、右側の釜で沸かす。お湯に浸かるというよりは、その蒸し風呂の湯を浴びながらスチームサウナのような状態で入ったのではないかということです。(写真6~7)

江戸時代の銭湯

江戸時代になると、これが庶民のものになってきます。大阪の天神橋筋六丁目にある「住まいのミュージアム」に江戸末期の大阪の町が再現されており、いろんな商店が並ぶ中に「天神湯」という名前で当時のお風呂屋さんが再現されております。(写真8)

中に入りますと左の端にある四角い木の箱みたいなのが番台ですね。二段上がって脱衣場。ここに脱衣箱、ロッカーがあって、正面に浴室があります。切石が敷いてあるのが大阪の浴室の特徴で、これは江戸時代の文献にそのように書かれています。江戸ではこの浴室の床が板張りだったようです。(写真9~10)

浴室といっても風呂がないじゃないかと思うんですが、この唐破風のついた部分はさっきの東大寺や妙心寺と同じような感じですね。中の奥まったところに小部屋が仕込まれており、低い潜戸をくぐると、中に木の浴槽がある。ここもやはりスチームサウナの湯気が逃げないように、わざわざ入り口を狭くしてあるわけです。(写真11)

そして大阪では、ここに腰掛けて桶で湯を酌み出して体を洗う人がいるというようなことも江戸時代の文献に書いてあります。今の大阪の風呂屋で見られる光景に似ています。

これが明治時代になって改良され、湯船を浴室の真ん中に持ってきて、スチームサウナから湯船に浸かる風呂へと変わっていく。これが現代の銭湯に繋がってる訳ですね。

神戸の銭湯

最近はスーパー銭湯が増えていますが、スーパー銭湯は大駐車場を兼ね備えているので、だいたい郊外や工場の跡地などにあります。それに対して、江戸時代からの伝統を引き継いでいる昔ながらの銭湯は、高度成長期以前から人間が密集してる場所にあって、商店街や古い住宅街などの狭いところにあることが多いです。

私は神戸に住んでいます。自己紹介がてら近くのお風呂屋さんを紹介しますと、これは東灘区の阪神御影駅の近くにある、**ときわ湯**です。(写真12)なんとも簡素なお風呂なんですけれども、この隣に実はもともと古いお風呂屋さんがあったんですが、阪神大震災で全壊して、近所の人がお風呂に入れなくなってしまいました。ガスも止まって家も壊れてますので。神戸市からも「何とかお風呂できないか」と。そこで、お風呂の横に残っていた立体駐車場を改造して作ったのがこれ。中の車を取り出して湯船をし

写真10

写真7

写真11

写真8

写真12

写真9

つらえた。湯船が一つどんとあるだけで、手前にかかり湯がポンとある。天井を見ると立体駐車場の時のままのトタンで、横の壁はプラスチックの波板を角材で止めてあるだけです。（写真13～14）

応急的に作ったので、施工業者さんが「もって五年」と言ったそうですが、その後二十六年たっていまだに健在です。このあたりは灘の酒蔵で、菊正宗や白鶴や剣菱なんかの酒蔵が近くにずらっと並んでおりまして、ときわ湯の地下水も酒の仕込み水と同じミネラルたっぷりで、最高のお湯なんです。造りは質素だけれども本当に気持ちがいい。雨が降るとバラバラバラと雨がトタンを叩く音が響いて、阪神大震災のとき私のマンションも全壊したんですが、あの時の原点にいつでも帰れる。しみじみできる特別なお風呂です。あの時のピュアな心というか、全ての欲から解き放たれて生きてるだけで感謝したあの時に、いつでも帰れる場所なんです。

銭湯での関係性

一昨年、垂水区に引っ越しました。垂水区にある二軒のお風呂屋さんのうち、**高丸湯**というところへよく行きます。ここはご高齢のおかみさんがたった一人で、病院に行く日は休みながら、週休三日で一日二時間半だけの営業です。（写真15）モザイクタイル絵のとても綺麗なお風呂ですが、病気のおかみさん一人では維持が大変、掃除も手の届かないところがあるので、仲間に声をかけて、電動工具を使ってタイルの目地を詰め直しました。きれいになると気持ちいいですよ（写真16～18）。我々は風呂の客なんですが。こういうところが普通の商売じゃないなと。そもそもお湯を重油で沸かして二時間半の営業で元が取れる訳ないんですけれども、おかみさんが病気を押してやってる、その気持ちでみんな何かせざるを得なくなってくる。こういう関係性があり得る点が銭湯の魅力の一つだと思います。

こういう銭湯には誰が来るのか。ふだん銭湯へ行かない方はよく分からないと思います。大体が近所の常連さんですが、仕事や立場はバラバラです。そんな人同士が風呂に入るというだけの共通項で一緒にそこにいる。私も日常生活ではヤクザの人とはできるだけ関わりたくないですが、お風呂に入る時はノーサイドになるんですよね。銭湯に来た時だけ、実に不思議です。これが昔は当たり前だったんですね。いったん社会的な関係をチャラにする場所でもあると思います。

銭湯の魅力

こういう日常の風呂の魅力というのはまず一番目には、やっぱり大きなお風呂、圧倒的に気持ちがいいです。私も自宅に小さな風呂はありますが、ほぼ入りません。お風呂屋さんに行くほうが気持ちがいいですから。体の疲れは取れる、気持ちはリセットさ

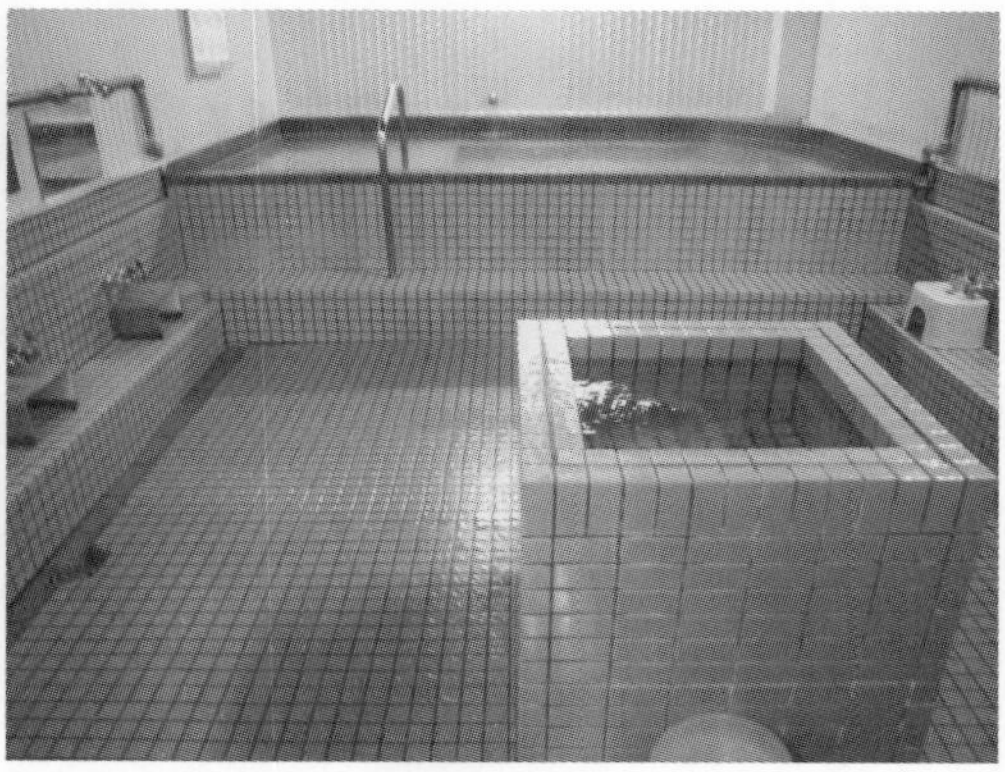

写真13

写真14

写真15

写真16

写真17

写真18

れる。家の風呂なんて五分で飽きてすぐ出てしまうんですけども、お風呂屋さんでは四十分から一時間ぐらいゆっくり入ります。そして風呂上がりのビールが三倍うまいし、夜はぐっすり寝られる。そういう身体的・精神的な安楽がありますね。

二番目は、職場でも家でもない第三の場所といいますか、利害関係のない人たちと、なんとなく一緒に居るだけの場所。利害関係がないのに、人との距離が近い。スッポンポンですから隠しようがない。どっかの社長さんかもしれないし、もしかしたら泥棒かもしれい。だけれどももう隠しようがないですね。体のここにほくろがあるなとか全部分かってしまうんだけど、名前も知らないという、実に不思議な場所でひとときを過ごす。一日の一定の時間そこに身を置くということでなんか解き放たれたような気分になる。これがまた大きな魅力だと思います。

そして三番目が、安価ということです。四百円やそこらです。今、神戸市は四百五十円で、どんどん高くなっていますが、それでもコーヒー一杯の値段でこれだけ心身をリフレッシュできる場所はなかなかないんじゃないかなと。コスパいいと思いますね。心身ともに完全にリセットできる休息の場。これが町の辻々にあるっていうのが、とっても面白いな、いい国に生まれたなとしみじみ思います。

旅先銭湯

私は銭湯には二通りの楽しみ方があると思っています。一つ目は今言った、日常的に通うお風呂の楽しみ。もうひとつは、これは私が作っている本ですが、『旅先銭湯』。（写真19）

私は旅行が好きで、日本中あちこち旅するんですけれども、旅の一日の終わりに、スーパー銭湯や有名な温泉ではなくて、その地域に昔からあって地元の常連さん達しか行かないような古い銭湯に行くと、裸の、生身の町に触れたような強い印象が得られます。旅から帰って思い返すと、「今回はいろいろ行ったけど、結局あそこの風呂屋が今回の旅の核心だったな」みたいな余韻が残る、そんな楽しみ方があると思います。

日本中たくさんお風呂屋さんが各地にありますが、全部異なっています。

これは日本海側の舞鶴の吉原という地区、日本のベネチアとも言われる素敵なところですが、ここに明治時代からずっと続いている**日の出湯**というお風呂屋さんがあります。去年、国の登録有形文化財になりました。（写真20～21）

鳥取県の倉吉市には、**大社湯**という、これも明治時代からずっと姿を変えずに続いてるお風呂屋さんで、（写真22～23）浴室へはこのちっちゃな戸を開けて入るんですが、これが昔の日本人サイズで、現代人はちょっとかがんで体を横向けないと入れない。

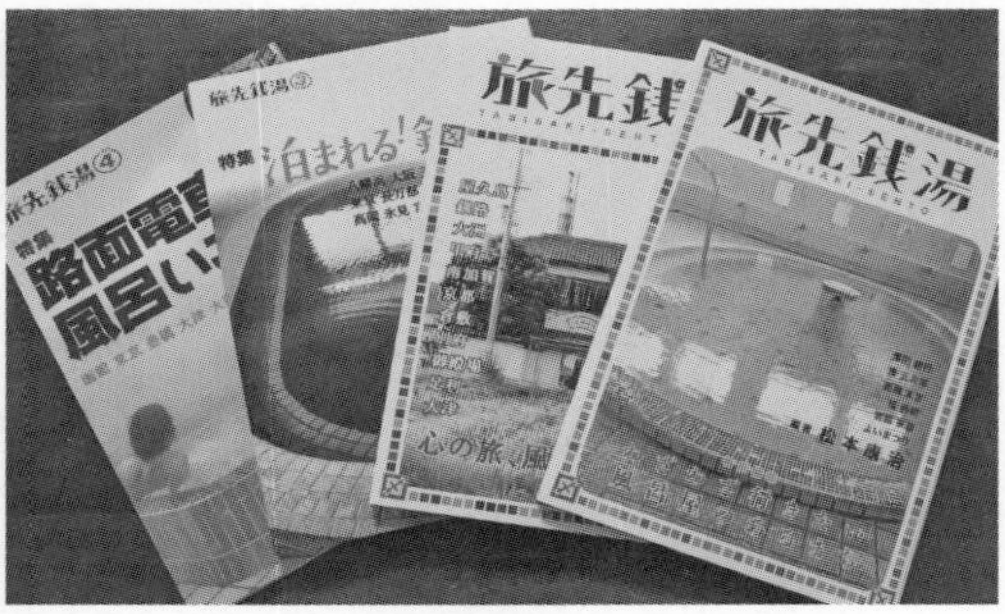

写真19

写真20

写真21

写真22

写真23

写真24

これは下関の旧遊廓にある**千歳湯です**。（写真24）遊廓の他の建物は全部抜け殻になっていますが、このお風呂屋さんと散髪屋さんだけが未だに残っていて、独特の景観を醸し出しています。こういうところでお風呂に入ると、「ここはどこ、私は誰」みたいな感覚に陥りますね。

私はよく「どこが一番良かった?」と聞かれます。でも、とてもじゃないけど一軒にはしぼれません。でもどうしてもと言われたら、ここの名前を挙げることにしております。九州大分中津の**汐湯**というところです。ここのお風呂のことを喋り出すと軽く一時間ほど経ってしまいますので流しますが、ここへは関西からツアーを組んで何回か行っています。温泉ツアーじゃないですよ、ただの銭湯ですからね。いかに私が惚れ込んでるか分かっていただけると思います。（写真25）

沖縄には「ゆーふるやー」という伝統的な銭湯がありますが、これはその最後の一軒になったコザの**中乃湯**です。（写真26～27）ここは風呂場と脱衣場の間に仕切りがありません。お風呂も変わってるんですけれども、ここの楽しみは風呂上がり、番台のシゲおばあとのゆんたくタイム。むしろこっちが本番かもしれません。もう九〇歳を超えておられますが、この方と話してるだけで癒されます。

北へ参りますと、これは北陸、越前大野の**東湯**、窓の細工がすごく美しいです（写真28）。そして函館の**大正湯**、洋館の銭湯として大正時代から続いております（写真29）。

東京へ行きますと、これは「テルマエロマエ」という映画のロケ地になった**滝野川稲荷湯**です（写真30）。東京には富士山のペンキ絵という文化があります。銭湯というとこの大きな富士山の絵のイメージがありますが、ペンキ絵師の方は東京にしかいないので、あれは東京周辺だけの文化です。（写真31）

こうやって日本中旅して回ると、地域差が大きいのが銭湯の特徴のひとつだとわかります。有名な温泉や大規模なスーパー銭湯は広範囲から大量に集客しますし、新設の際にはコンサルも入ったりで、だいたい最大公約数的な、理にかなった作りになっていきます。ところが昔からの銭湯は地元密着、徒歩か自転車の客が主体だった頃からあまり変わっていませんから、今となっては何これみたいな、そこにしかない不思議なものと出会える。それがまた楽しいです。

地域による違い――大阪と京都を例に

銭湯は地域によって具体的にどう違うのか、もう少し詳しく大阪と京都の比較で見てみましょう。電車で三十分でもずいぶん違います。

これは大阪の弁天町にある**寿温泉**。大阪は空襲を受けてますから戦後にできた銭湯が多いんですが、外観の特徴は大きな一枚の暖簾がかかっている点。男も女も一緒にそれを潜って入り、中で

写真25

写真26

写真27

写真28

写真29

写真30

男女に別れる造りになっているところが大部分です。（写真32）

　これに対して京都は暖簾が二枚かかっていて、玄関入る前に男と女が分かれて入っていくというのが特徴です。そしてさきほどの妙心寺みたいに唐破風の屋根が残ってるところもあります。（写真33～34）

　中に入ると、大阪ではここで靴を脱いで男女に分かれていきます。（写真35）

　一方京都は、中に入ると土間からいきなり脱衣場が始まっておりまして、これは土間に番台が置かれています。外から風が吹き込むところはちょっと傷んでたりします。（写真36～37）外は道路ですので、だから入る前に男女別れとかないと大変なことになるわけです。

　大阪の銭湯には、すごく儲かってた時代に作られた美術工芸品みたいな番台もあります。（写真38）注目していただきたいのはテレビの向き、お客さんに見せるんじゃなくて、番台に座ってるおばあちゃんが自分が見るために置いている。そのためにこの工芸品のような番台に穴を開けてコンセントを設置してしまう、こういうのも銭湯です。

　大阪の脱衣場の特徴として、もうずいぶん減りましたけども、この欅一枚板に漢数字が浮き彫りになった脱衣箱。（写真39）大阪の人は脱いだものを脱衣箱にそのままぽんぽん放り込んでいくんですけども、この手彫りの高級品に汚れたパンツをポンポン放り込むっていうのが、また面白いじゃないですか。

　一方、これは京都です。（写真40）京都は籠文化で、脱いだものを直接ロッカーに取り組むということはせず、まず籠に入れて、籠ごとロッカーに入れる。だからロッカーも籠がすっぽり入る大きさにできております。柳行李という今はもう作られていない貴重な籠が現役で使われている銭湯もあります。

　脱衣場にビジュアル的な装飾があるのは京都の特徴で、金閣、清水、平等院。（写真41～43）、一軒一軒違って、行くたびに楽しい発見があります。一番派手なのは京都市北区の**船岡温泉**、ここはゴージャスです。天井に牛若丸と鞍馬天狗、その下にある透かし彫りは上海事変。（写真44）そしてこの洗い場にはマジョリカタイル、明治時代にスペインから渡来した立体的なタイルですけども、岐阜県の多治見にあるタイルミュージアムにはこれが「手を触れないでください」ってガラスケースの中に陳列されてるんですが、ここはそれがびっしり貼られてまして、博物館に収めるようなところでタオル絞ったり、鼻かんだり、やりたい放題です。（写真45）

　一方大阪はシンプルな脱衣場で、装飾はあまりありませんが、大阪の風呂へ行くとやっぱりお客さん同士の会話、風呂から上がってきた人とこれから入る人が、「昨日の阪神の試合、あれなんやねん」とずっと喋ってますね。（写真46）風呂上がりもさっさと帰ったらいいのに、女将さんに聞いていてもらいたいがゆえに、

写真31

写真32

写真33

写真34

写真35

写真36

写真37

写真38

写真39

写真40

写真41

写真42

写真43

写真44

写真45

写真46

写真47

写真48

しょうもない政治の話をしたりしております。（写真47）

浴室の違い

さて浴室に入ります。これは大阪の風呂です。「住まいのミュージアム」にあったように、床に切り石が敷かれているのが大阪の伝統と言いましたが、今もこうやって敷かれてるお風呂屋さんがあります。これは江戸時代からずっと残ってきた風呂というわけではなく、戦後作られたお風呂ですけれども、江戸時代の伝統のまま作られているんです。すごく面白いなと思います。（写真48）

大阪の特徴のもう一つは、この湯船の横に座るところ。このおっちゃんなんか前にカランとシャワーがあるのにわざわざ湯船の横で湯をすくい出してここで体を洗う。この大阪の風習も江戸時代の文献に出てきます。人間の行いまでずっと続いてきているのです。（写真49）

ところが京都ではこの湯船のへりに座るところがありません。そして石がなくて、湯舟も床も全部タイルが貼られています。その細かいタイル使い、蛤のタイルがあったり。細かい装飾がまた見所の一つです。お湯が出てくるところに必ずこの女神像があるのも京都の特徴です。（写真50～52）

東京には大きな富士山の**ペンキ絵**がありますが、関西はペンキ絵師がいないので大体モザイクタイルです。富士山は三千六百何メートルですけど、この天女様は八千メートルはありますね。（写真53）大阪市大正区の**大正湯**では、どこの国の人がわからない女の人がコーヒーどうぞって（写真54）。これ男湯なんですけれども、何なんでしょうね。女湯の方は全然違って、水族館のようです。（写真55）

これは福知山の**櫻湯**です（写真56）。京都府ですけれども、大阪から福知山線が出ていて、ほぼ等距離にあります。中に入ると、柳行李があって、籠ごとロッカーに入れるのも京都スタイル。きれいな柳行李が残ってます。（写真57）風呂場に入ると、タイル張りで女神像から湯が出てて、まさに京都です。けどよく見ると、湯舟の周りに座るところがありまして、ここだけ大阪スタイルになっています。これを初めて見た時、私は声を上げてしまいました。（写真58）

このタイルは明治時代に愛知県の**瀬戸**で作られた本業タイルというものです（写真59）。つまりこういう壁画とかカラフルなタイルを眺めながら大きな湯船にゆっくりつかるというのが日本人の風呂の入り方だったんですね。ここで心身を癒される。そしてそういう大人たちの裸を見ながら子どもたちが育つという環境です。

廃業が続く銭湯

ところが最近のお風呂屋さんに行くと、こういう不吉な紙が

写真52

写真49

写真53

写真50

写真54

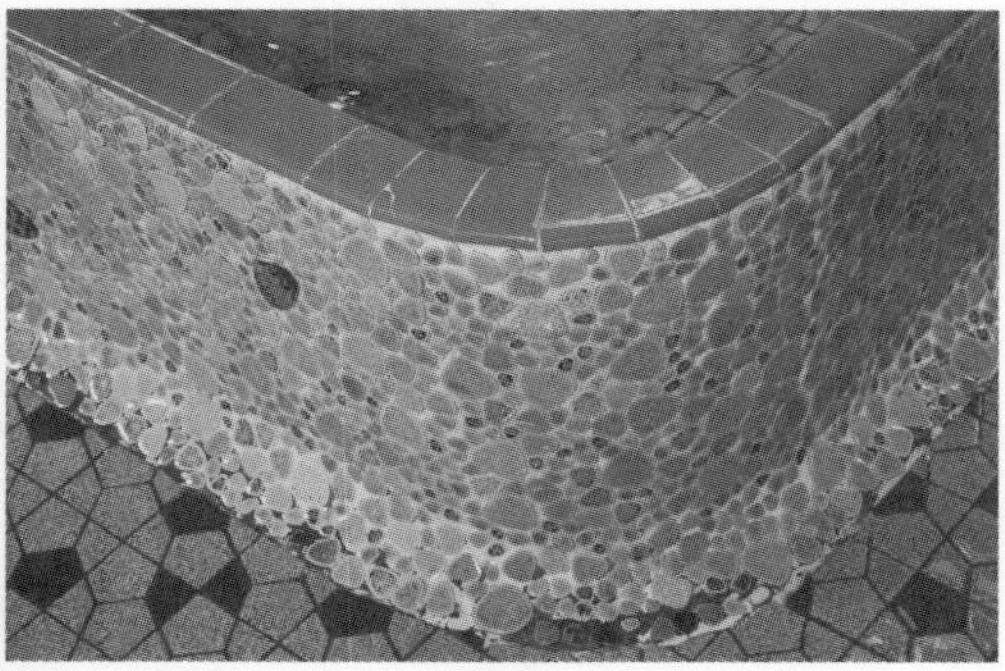

写真51

写真58

写真55

写真59

写真56

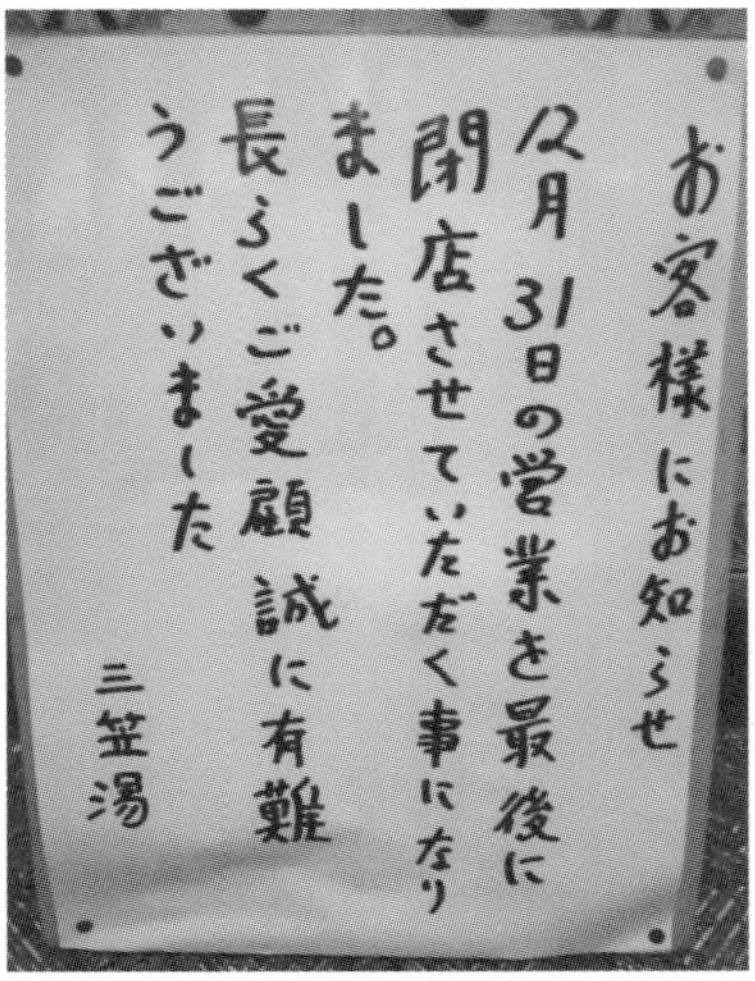

写真60

写真57

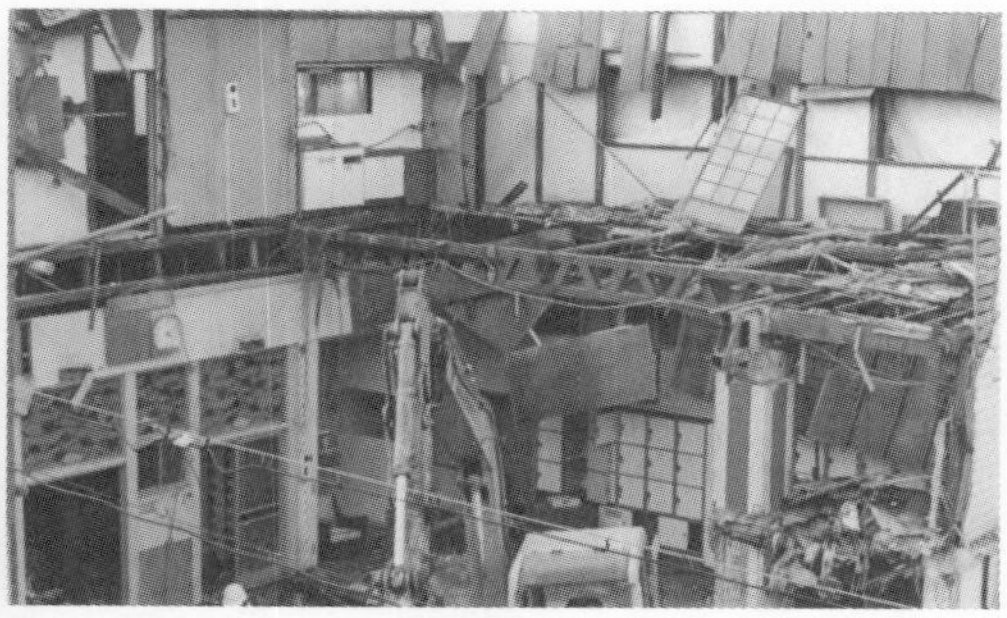

写真61

写真62

写真63

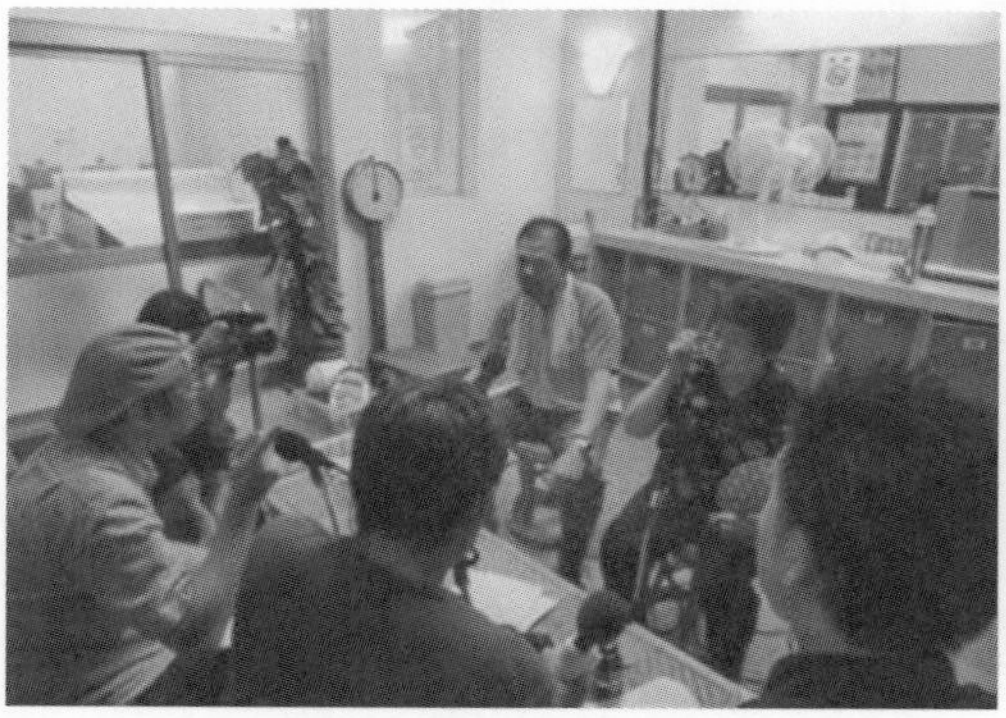

写真64

写真65

写真66

しょっちゅう貼られているわけです。どんどん減ってます。（写真60）

私が中学時代、学校の近くにあった銭湯で、同級生の家でもありましたが、ここもなくなりました。この二階のところ、流し台があります。下が脱衣場です。脱衣場ではみんなが「ああええ風呂やった極楽極楽」と言ってる二階で、子どもが晩御飯食べたり、夏休みの宿題をしたりしてるんですね（写真61）。住居であり、商売の場所であり、みんなの極楽という、複雑に絡み合って一体となっている。これが銭湯の面白いところだと思います。でも今はもう更地になって三階建ての細長い住宅が建っています。

銭湯はこんな感じで減り続けていて、大阪も千軒以上の風呂があったのが、今はもう二百軒を切ったかな。そのぐらいの勢いでなくなっております。

銭湯応援活動

こんな街中にこんな奇跡のような場所があるのに、何とかできないかと、お風呂屋さんを応援する活動を二〇〇九年から銭湯仲間たちと始めました。トークイベントを開いたり（写真62）、それぞれのお風呂屋さんのオリジナル絵葉書を作って置いたり、インターネットラジオ、掃除イベント、音楽イベント、大規模な展示イベントなど（写真63～68）。さらにお客さんをお風呂屋さんに連れていく活動として街歩きツアーも八十回以上開催しました（写真69）。ただそれらはお風呂屋さんに喜んでもらえてモチベーションアップにはなったかとは思いますが、これをやったからといって経営難を脱するほどお客さんが増えるわけではなく、なかなか難しいです。

そこで、モチベーションだけじゃなくて、もっと実のある具体的な応援ができないかと。もちろん銭湯の中にはお客さんが多くて跡継ぎもいるお風呂屋さんもあります。でも、高齢の方がギリギリの状況でやっているようなお風呂屋さんも多い。その実情を目の当たりにして、個別に何か役に立てないか。自然になんとなくそんな感じになってきました。

その例をいくつか。姫路の**白浜温泉**は古いお風呂ですが、浴室の床タイルが派手なアーガイル模様のようになっていて、こんなお風呂屋さんは私が知る限り他にありません（写真70～71）。ところが釜が限界にきて二〇一一年に廃業危機となりました。でもおかみさんはまだまだ元気。そこで、みんなでタイルを補修したり大掃除をしたりすることで、店側は決断をして釜を新しく入れ替えてくださいました。その後も地元の人たちがいろいろな応援活動を継続してくれてます。（写真72～75）

先ほど出てきた、大阪と京都の両方の特徴を持っている福知山の**櫻湯**も、釜がいよいよ駄目になってきて、ご高齢のご主人も力が尽きてきて、壁のペンキの塗り替えもできなくなってきた。そこでみんなで壁のペンキの塗り替えをしました（写真76～80）。

写真67

写真68

写真69

写真70

写真71

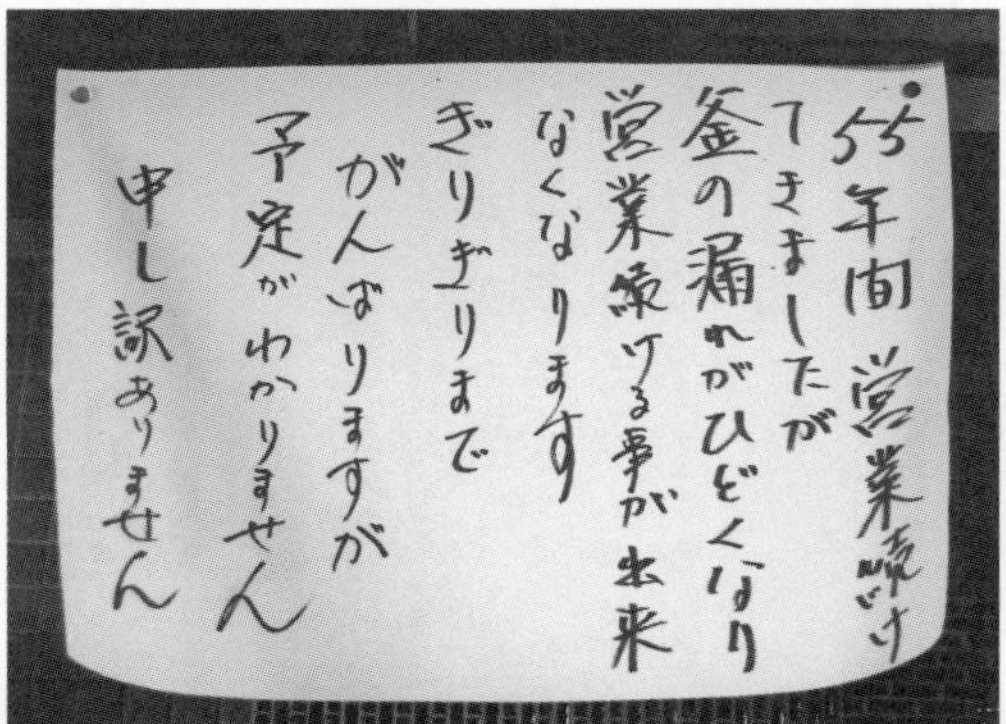

写真72

写真73

写真74

写真75

写真76

写真77

写真78

写真82

写真79

写真83

2017年(平成29年)6月8日 木曜日

レトロ銭湯、存続を

福知山市内外ファンが18日支援催し

浴室ペイント活動「一日でも長く営業して」

京北の名所マップ配布

宮津・田原で10日まつり

写真80

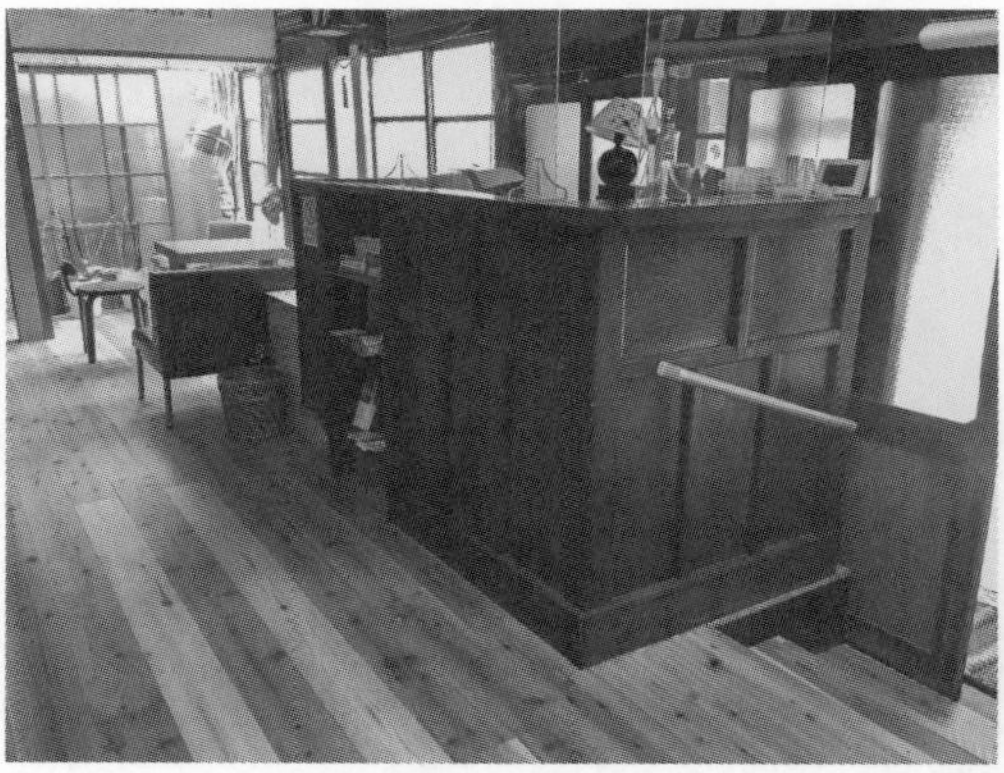

写真84

写真81

インターネットで募集して。そしたら新聞やテレビにもたくさん取り上げていただき、ご主人も風呂屋魂に火がついて、「どうしても続けたくなった」と、その後二年半、本当に釜が動かなくなって火がつかなくなるまで続けてくださいました。そして閉店したんですが、その活動が元となって復活運動がじわじわ続いています。

淡路島の**扇湯**という銭湯も、二〇一七年にボイラーの故障と客の減少で廃業危機を迎えましたが、いろんな人の協力で修理し、銭湯のそばで飲食店を開いて集客に努め、そこで得た収益で浴室のタイルを貼り替えたり、脱衣場を大幅にリニューアルしたりして、二〇一一年には立ち飲みバー併設の銭湯として生まれ変わり、ついに新しいボイラーに交換するところまで来ました。（写真81～85）

こういうことをやってるのは私だけではなく、日本中でいろんな人がいろんな方法で銭湯の存続にトライし始めています。私たちはすべてボランティアですが、それを職業として、もっと本格的に行う若者たちの会社も登場し、次々に銭湯を継業しています。そしてこういう外部からの参入に触発されて、お風呂屋さんの息子は継がなかったけれども、孫が継ぐということも最近あちこちで起きてきました。（写真86）

写真85

写真86

写真87

銭湯存続の担い手として

なんでそこまでするのか、とよく聞かれるんですけれども、ひとえに「銭湯のある町で暮らしたい。銭湯のある日本を旅したい」、これに尽きるわけです。（写真87）自分の住んでいる街に癒される、旅先でほっとできる。こんな素敵な世界が続いたらいいなと思っております。

問題は、そのために誰がそういったギリギリ状態の銭湯に寄り添うのか。最後ちょっと仏教に寄せて締めくくりたいと思いますが、私の知り合いにカトリックの神父さんで銭湯が大好きな人がいまして、もう十年以上、銭湯探検隊という銭湯ツアーをやっておられて、『入浴タイムズ』という新聞を手書きで数百号も出してる人がいます。その人は神父さんですが、銭湯イベントをするっていうと、日曜日のミサ以外は飛んできて手伝ってくださいます。

ターミナルケアの世界では、キリスト教のホスピス運動がまず広がって、それに触発される形で仏教ホスピスとしてビハーラも始まったと思うんですけれども、銭湯は仏教から始まったといわれてますから、我々みたいな銭湯オタクがごちゃごちゃやるより、お寺さんは地域で信用もありますし。街なかの貴重な裸の癒やしの場を守り、復活させていく動きにぜひ仏教関係の方々も参入していただけたらと。キリスト教の方々より先にやっていただけたら嬉しいなと勝手に思っております。

以上でございます。ありがとうございました。

〔五十五回大会　大会シンポジウム〕

「仏教社会福祉実践における「休息」の意味」

シンポジスト	真宗大谷派玉龍寺住職	五百井正浩
	東大寺福祉事業団理事長	富和　清隆
	愛知東邦大学人間健康学部教授	藤沢真理子
コメンテーター	神戸女子大学健康福祉学部教授	小笠原慶彰
コーディネーター	龍谷大学社会学部教授	栗田　修司

◆**総合司会**（龍谷大学非常勤講師　長崎陽子）

では、シンポジウムを始めさせていただきたいと思います。シンポジウムのテーマは先ほども申し上げましたように「仏教社会福祉実践における休息の意味」になります。

シンポジストとコメンテーターの方の紹介は、栗田先生にお願いできますでしょうか。

◆**栗田**

シンポジストの方とコメンテーターの方を簡単にだけ、お時間の関係でご紹介させて頂きますけれども、皆さん方のお手元ないし画面の方で、チャットに貼り付けてある要旨集の方、四ページ五ページを読んでいただいたら詳しく出ております。まずコメンテーターの小笠原先生は本学会の会員で、年報である学会誌の編集委員長もされていた方ですが、民間の社会福祉の活動に造詣が深い方です。今日本の宗教は政教分離以降、民間の活動ということで活躍していることもありまして、皆さん方も民間の活動に関わることですので、小笠原先生にぜひコメントということでコメンテーターになっていただきました。

それから五百井先生は、真宗大谷派の玉龍寺という、神戸の阪神・淡路大震災の時、震災の中で非常にご自身も大変な中で、ご自身のお寺を長い間、避難所として提供されたというご経験から、現在も東日本大震災関係や各地で防災のことに関わっていら

れます。すべての人が災害にあう可能性があって、そういう中での仏教が人々の休息をどのようにしていたかということを中心にお話ししていただけるのではないかなと思っております。

それから富和先生は東大寺福祉療育病院という重度の障害児の病院の方で院長として働かれてるんですけれども、同時に東大寺の福祉事業団の理事長もされておりまして、障害を抱えている子どもさんとその保護者の方の場所、特に保護者の方も非常にお疲れになるということも含めて、子どもさんと保護者の方の休める場所ということで、いち早く東大寺の境内に奈良親子レスパイトハウスを開設して、ボランティアの活動として援助されているというその辺のことをお話しいただきます。障がいとその家族というなかなか支援が難しい部分のところにおける仏教との関わりの中、仏教の雰囲気の中で支援してるあたりを触れていただけるということです。

それから藤沢先生については、四国のご出身で、日頃から四国遍路のことを体験的に分かっておられる方です。四国遍路にはいろいろな方が行かれますが、先程の富和先生の身体的な障がいを中心とするのではなくて、むしろ精神的な悩みを抱えた方々も遍路にまわられます。そういう中で地域の接待という非常にユニークな形でそういう方々を支えることに仏教が関わっているということです。こういう所における休息というものをお話いただけるんじゃないかなという風に思っております。

非常に簡単ですけどもご紹介ということに替えさせていただいて、早速五百井先生の方から、お一人大体長くて三十分ぐらいお話し頂いて、最後にコメンテーターの方からお話しいただくという形で進めていきたいと思います。では、五百井先生よろしくお願いいたします。

災害時における寺院の休息的役割
〈災害状況下の仏教社会福祉実践〉

五百井正浩

ご紹介いただきました五百井正浩と申します。まず皆様にお詫び申し上げなければいけません。実はこの日のために資料を用意していたのですが、ちょっと先週パソコンのオフィスが壊れまして、資料を開くことができません。それ故話だけになりますが三〇分どうぞお付き合いのほどよろしくお願いいたします。

ご案内に「災害時における寺院の休息的役割〈災害状況下の仏教社会福祉実践〉の話題にふれていただきますよう、よろしくお願い申し上げます」とあり、阪神・淡路大震災時に、自坊が避難所になり、二六年経った今も荷物預かり所やボランティア拠点になっている経験からならお話できるかなと思いお引き受けいたしました。

私は学者ではないので、ただ自分が学んだ仏教と経験からお話させていただくことしかできませんので、勘違いや学術的におかしなことをお話しするかもしれません。共感できること、違いを認め合えるもの様々お感じになられると思いますが、何か一つでも気づきや感じること、ご意見をお聞かせいただけたならありがたく存じます。

先ずテーマの「仏教における休息」と聞いてすぐに思い浮かんだのは「ビハーラ」という言葉です。

現在仏教を背景とした「ターミナルケア・終末期医療施設」の呼称として知られるビハーラという言葉は古代インドのサンスクリット語で、「精舎・僧院」「心身の安らぎ・くつろぎ」「休息の場所」を意味しています。

「精舎・僧院」というのは一般にいわれる「寺院」のことで、お寺は「心身の安らぎの場所」を意味していました。

つまり仏教の教えは、生・老・病・死の苦悩を課題とし、心身の安らぎをもたらすものでした。

そんな中、災害支援という緊急状況での寺院における休息を自分の経験から考えてみます。一九九五年一月一七日午前五時四六分五二秒に阪神・淡路大地震が発生いたしました。

「被災地は地獄そのもの」と表現された被災者がおられます。源信僧都は「往生要集」の中で「地獄」とは「我帰る所なし」、帰る所がないのが「地獄」だと言います。そこへ帰ると、もう構える事もいらない。守る事もいらない、防御することも鎧甲を着る事もいらない、ありのままの私がそのままでいられるという安心場所がないのが「地獄」だと言います。逆に言うとこのような安心場所が「休息の場所」と言えるのではないでしょうか。

それから引き続いて「孤独にして同伴なし」と言っています。共に生きていきたいのに、共にということを切られてしまうのが「地獄」である。私たちはつながりの中で生きているのにそれを切られてしまう。まるでいないかのように振る舞われてしまう。繋がっていたいのに切られてしまう。それが「地獄」です。その裏返しがまた「休息の場所」と言えるように思います。

私がお預かりしている寺院は、倒壊率五七％　焼損延べ床面積神戸市の六四％の被害があった長田区にあります。本堂は当初は一部損壊の判定でした。

そんな中、早朝に地震があってから夕方日が落ちる頃から数家族が「避難させていただけませんか」と来られました。

それから寺を開放し、避難所に入ることができなかった被災者の受け皿となりました。

当時は行政があらかじめ定めた場所しか避難所と認められず、支援が受けられませんでした。それ故「学校や体育館など行政が定めた避難所のほうへ行かれたほうが支援や情報がありますよ」と言ったんですが、この方々は家が倒壊して生き埋めになられていた方や、その方々を助けていて、「救助が終わってから行政指

定の避難所に行くと、もう人がいっぱいで入れなかった方々でした。途方にくれて歩いているとお寺があったので無理を承知で尋ねましたと。一家族は初めてお会いする方々でした。寒い日でした。食料はたまたま前日に御正忌をお勤めしてまして、お斉の余りがありましたので、それを食べていただきました。

寝るところが確保でき、とりあえず食事にありつけたことは身体の休息につながったと思います。「ありがとうございます。これでとりあえず生き延びれました」と言われる方もありました。が、「壊れた家は」「仕事は」「今後の生活は」…などの心配事は、この時点では心の休息にはなっていませんでした。

行政指定ではないので、何の情報も食料も提供されませんでしたので、一週間で皆さん空きのでた公的避難所や親戚の家に出ていかれました。

誰もおられなくなった翌日、学校の体育館に避難されている女性の親子が来られ「着替えだけ部屋を貸していただけませんか。私はまだしも若い娘は体育館では着替えられません。二階から覗かれます」と。また別のご高齢のご夫妻は「避難所の簡易トイレは和式、足腰が悪い私たちには使えません。トイレ使わせてください」と。「赤ちゃんが夜泣きして体育館では居り辛い」とか「ペットの犬だけ境内につながせてください」と言われる方も来られました。後には「家財道具を預かってもらえませんか」と。「そのまま家を解体されるとすべて失うので」と。それからタンスや冷蔵庫などを本堂に運び入れ、それぞれの家が内側に引き出しがくるように円を描くように配置されました。つまり寝泊りは学校や体育館避難所、朝に本堂に置いた自分の家のタンスの囲いで着替え、寺でトイレを済ませ、学校なり会社なりに行かれました。夕方は逆になります。

タンスやソファなどは現在もお預かりしております。連絡がとれなくなった方、連絡はとれるが相手が痴ほう症になられ話がかみ合わない方など様々です。

「お骨を預かってもらえませんか」と言われる方も徐々に増え、多い時に九〇軒以上の、今でも四〇軒以上のお宅のお骨をお預かりしております。

また震災後数ヶ月まだ交通網が元通りになっていない時期には、「抽選で当たった仮設住宅からは電車が不通でかかりつけのお医者さんに通院できません。電車が通るまでおらせてください」とか、工事中で道路事情が悪く、当たった仮設住宅からは、市場（職場）に夜中に行くのも無理なので、道路事情がよくなるまでおらせてください」と言われる方もおられました。

お寺が避難所になると聞くと、被災者のすべてを世話しなければならないと思われ引き受けに二の足を踏まれる方もおられるかもしれません。しかしうちのお寺のように公的避難所にあふれた方々だけや、自分達にできることだけ、受け入れられるだけのことをした、サテライト避難所としてのお寺の意味は大きいとこの

時に実感じました。

そんな状況で避難者は入れ代わり立ち代わりで、七月末には〇になりました。しかし八月二一日から六家族が避難してこられました。それは八月二〇日に災害救助法が打ち切りになったからでした。新聞報道では「学校などの避難者が〇になりました」と。記事は間違っておりませんが、現実は追い出された方々でした。その時の行政発表で避難者約六、七〇〇人、待機所を設けて希望者にはそこに移ってもらいますと。しかし待機所には約二、五〇〇人分しか用意されてませんでした。

残りの四、二〇〇人はどこに行かれたのでしょうか。

それまでサテライト避難所だった寺院が、全面的避難所にこの日からなりました。九月二〇日頃の四次抽選で全員当たられ、一〇月半ばには全員出ていかれました。

避難者から「学校では眠れずプライバシーもなく身体もしんどかった。ここでは布団もあるし休息がとれます」と言ってくださったのが印象に残っております。できるだけ普段の生活を心がけ、避難者がおられた本堂でも、勤行も普通にお勤めいたしました。すると家族を亡くされた避難者から、震災前まで「法要なんてなんの役にもたたないと思っていました。震災で家族をなくし、どうすることもできない理不尽な仕打ちに直面した時、『念じる・祈る』行為によって自分を見つめ、他者の痛みを感じることができることにきづきました」と、勤行や黙とうの「喪」の時間が体育館の避難所ではない寺院の避難所がありがたいといわれる方がおられました。この方は家が全焼で家族一人が焼死され、「家族が消えたという感覚なんです」と言われておりました。亡くなった家族の為の勤行や黙とうが、同時に自分自身が現実を受け止め納得するのに必要な時間と空間なんだと言われる方もおられました。

ある時一人の避難者から「親切にしていただいて本当にありがたいのですが、なんのお礼も返せないことが申し訳ないのです」と言われるんですね。私はどう答えたらよいのかわからないでいると、東京から来た帰国子女の女子高生のボランティアが「アメリカにはpass it onという言葉があります。お礼は次の人にという意味です。お礼は次にあなたが何か困っていらっしゃる方に出会われたら、その方にあなたができる事をしてあげて下さい」と。このようなお話をお聞きしました。このお話をお聞きしてからしばらくして、仮設住宅で出あったご年配の方からに「日本にも『恩おくり』という言葉が昔からあります」と教えて頂きました。意味合いは、「パス イット オン」と「恩送り」は一緒の意味合いです。何かしていただいて、その方にお礼すれば、それはその場で終わってしまいます。その親切のお礼の輪が無限に広まっていくところに、新しい社会の展望があります。そのような精神状態になれば休息もとれると思います。

またここの空間は、トラブルがあっても「私は生きていけるん

だ」という事を実感できる避難所の文化を作っていました。世話する世話される関係でなく、支援者も避難者もともに運営していく避難所を心がけていました。避難者間で決めた役割分担でリーダーになった男性は毎回お酒を飲むと勝手な事を言っている人と長時間付き合っておられました。酒飲みだけ離れの別室を使ってもらいました

　さっき呼ばれたと思ったら又呼ばれる。普通なら「いい加減にしろ、出て行け」と思います。それをいつも付き合う。その事を他の人は参加しなくても何らかの形で見ている。そしてこの場所ではどれほどの事を言ってもそれなりの人間関係が維持できると感じる。その結果、一人の自殺者・孤独死もださなかったことにつながったように思います。ただ親しくなった人が寄り添い、そこで涙を流し、つらさ悲しみを分かち合い、時間をかけて受け止めていく。そして他者（ボランティア等）はそれを支援し、問題を被災者と共に我が事のように智恵を出し合いながら考え、支援から交流になっていく。そのことが被災者の生きる意欲を取り戻すことにつながっていく。先ず出会った方々に人の温もりを伝え、そこに関わり続け足を運び続けてやるべき事を見出していく。そこに人と人が結びつき、距離が縮まり、関係が深くなり、信頼という精神的エネルギーが蓄えられます。災害で壊れた物は、いかに補償を十分にしても元のレベルにはなりません。ただ信頼が喪ったものを補う力をもたらし、人工物の破壊の中から生きているということを気付かせてくれます。

　また被災者はいろんな悩みを持たれていました。寺院はその問題を直接解決はできないけれど、いろんな方々を紹介することは不安を取り除く一助にはなっていたと思います。寺院はいろんな職業の門信徒と近所の人とつながりがあります。法律問題や行政問題で悩まれている方には、知り合いの弁護士や行政書士を、医療関係でお悩みの人には知人の医師や薬剤師をご紹介したり、自分一人が知り合いもいない分野に尋ねるのには敷居が高い、しかし紹介まで寺院がやってあげるとスムーズに事が運んだと思います。また行政はいろんな施策をしてくださいましたが、被災者から尋ねないと教えて下さらない、しかしこの被災者とつながった行政書士さんがわかりやすく毎回いろいろご紹介してくださるようになり、これはとても喜ばれておりました。

　また寺院は全国の同宗派寺院とのつながりがあるので、いろんな物資を送っていただきました。この食材を使って食事は、避難者の中に中華料理店の料理人がおられ、彼の指示で毎回温かい物を作りふるまわれたので、冷たい弁当の避難所と違い、一人の風邪ひきも死者もだしませんでした。

　またこの寺院全国ネットワークは、今でいう保養事業、新潟県・石川県・大分県などの寺院が、「休息に来てください」とお声がけいただき実現いたしました。

　寺院は地域に根差しているところが多く、昔から自然と災害が

起こると避難所になっておりました。しかし行政指定の避難所にはほとんどなっておりません。宗教施設であることや、屋根瓦が重たく地震では倒壊の危険があるなど様々な原因があるかと思います。しかし近年、少しずつ様子が変わってきました。

体育館・公民館などの避難所が足りないので、寺院・神社・教会などに分散避難した事例もあります。

体育館のような人が雑魚寝をするような密集状況では、新型コロナウイルスに感染が蔓延する恐れがあるので、寺院のサテライト避難所としての機能が見直されています。

また内閣府が避難所として、民間施設の活用を検討するよう（二〇二〇年四月七日）に通達をだしました。その民間の施設にはホテルや旅館の他、神社・お寺・教会など宗教施設の重要性が意識されています。実態を踏まえて各地で、自治体と寺院の連携が進んでいます。

二〇二〇年八月の日経新聞によると、最大二メートル以上の浸水リスクがある小学校や公民館が二七％もあるといいます。

そんな中、台風一九号（二〇一九年）後、長野市は地域の七寺院と「災害時における地域の避難所の設置及び運営に関する協定」を締結しました。

二〇二〇年熊本県や福岡県では、豪雨、川の周辺の指定避難所であった小学校が浸水して使えなくなり、被害を逃れて神社やお寺に人が避難した実例もあります。

寺院は災害時、「避難所」「支援活動拠点」として期待されます。がそれは強要されるものではありません。したくてもできない事情がある場合もあります。家族に病人がいるとか、建物は立っていても床が落ちているとか壁が落ちているとか、遺体安置所になっているとか、建物の構造上無理とか、寺のものが教員とか副業されていて昼間誰もいないとかいろいろな理由でできない場合もあります。

ＮＨＫ連続テレビ小説おかえりモネ（七月一四日）の放送で「過去数百年、浸水被害にも土砂災害にも全く遭っていない場所が神社です」というセリフがありました。神社だけでなく寺院にも言えるかもしれません。都市計画などで移転した寺院も多くすべてこのセリフ通りではありませんが、昔からの寺院の多くはそうかもしれません。災害時は、「いのちが一番大事」なのは当然ですが、平生から「お寺でできることを」「お寺に地域の人が避難されてきたら」ということをそれぞれのお寺が考えてほしいものです。

また現在は、コロナ禍における災害時「避難場所にウイルスを持ち込まない・感染を拡大させない」「健康チェック」一人ひとりが守ること・居住スペースの配置・衛生環境・その他も考えないといけないでしょう。そうでないと安心した休息場とはなりえないと思います。また寺院はボランティアにとっても休息の場所であったと思います。ボランティアもさぼりたいときもありま

す。心身とも疲れたり、熱中症対策として涼んだりしたい時もあります。怒りや愚痴や悲しみを吐き出したい時もあります。

　当寺院はボランティアの宿泊場所や休憩場所としても開放提供しておりました。

　そもそもボランティアとは何でしょうか。

　ボランティアで仏教精神に則った活動されている団体に臨済宗のＲＡＣＫさんがあります。ＲＡＣＫとは【Relief 救援・Assist 手助け・Comfort ホットさせる・Kindness やさしさ】の頭文字をとってＲＡＣＫ、それは四無量心つまり

「慈」許しあい、励ましあい、助け合うという感情。
「悲」相手の痛みが自分のように感じられ、思わず涙ぐむ。
「喜」その他者の行為を見て喜ぶ
「捨」それが自然にできる

ことを現在風に旗印にされて活動されているのでしょう。この四つの言葉は私の活動の中でもいつも心の中にありました。

　大谷大学学長の木越康先生は、「ボランティアとは宿業の問題」とご教示くださっています。大谷大学元学長の曽我量深先生は「宿業とは本能」とご教示くださっています。身が勝手に動いている人を信じて組織がそれをサポートする。ボランティアはしてもよいし、しなくてもよい、しないできない人を非難することもないと。

　私は常々「ボランティアとは、自分の眼と耳で被災者に接し、困っている人と対話しながら、自分のできることは何かということを考え行動する人」と答えていました。

　阪神淡路大震災から一年半ほど経ったころ、熱心にボランティア活動を続けてきた学生が「正直疲れました。最初の頃は喜んで自分たちを温かく迎えてくれた地元の人たちと、衝突することも増えてきました。感謝され、喜ばれていると思うので、生活を切り詰めて努力してきたんです。こんなふうだとこれから先どうしようかなという挫折感を感じています」と言うんですね。

　これと同じような話を五木寛之さんの講演でお聞きしたことがあります。彼は「ボランティア」は「布施行」と言います。布施とはお金や物を施す財施、真実をありのままにわかりやすく語って聞かせる法施、恐れをなくする無畏施、また無財の七施というようなお金がなくてもできる布施もあります。


一．眼施《げんせ》（げんせ）やさしい眼差《まなざ》（まなざ）しで人に接する　和顔悦色施《わげんえつじきせ》（わげんえつじきせ）にこやかな顔で接する　言辞施《ごんじせ》（ごんじせ）やさしい言葉で接する　身施《しんせ》（しんせ）自分の身体でできることを奉仕する　心施《しんせ》（しんせ）他のために心をくばる　床座施《しょうざせ》（しょうざせ）席や場所を譲る　房舎施《ぼうじゃせ》（ぼうじゃせ）自分の家を提供

する　寺院が避難所にとして機能するのはこの房舎施《ぼうじゃせ》（ぼうじゃせ）なんでしょう。行ですので人の為にするものではない、自分の心の虚しさを埋める行為。人の為に善いことをすることを「偽善」という。人と人の距離が近くなり関係が深くなれば「偽善《ぎぜん》（ぎぜん）」と思われた行為が「自然《しぜん》（しぜん）」の行為に代わっていくのでしょう。

このような考え方の転換によって心が軽くなったと言われたボランティアや復興支援事業に携わっておられる方々にとっては、この言葉や人との出会い、寺院という空間は休息になったことでしょう。ＮＨＫ連続テレビ小説おかえりモネ（八月六日）の放送で「自分の為に一生懸命やっている事が誰かの為になったら、それが一番いい」というセリフがありました。まさしく「ボランティア」は「布施」をわかりやすく表現してくれた言葉だと思います。しかし現実には何かをしてあげて、感謝を求めないというのは実に難しいことですね。

「雑毒の善」という言葉があります。善には違いないけれど、お礼や見返りがないと逆に腹がたったり納得できなかったり新たな悪を作り出している善。これだけのことをしたんだから何かちょっとくらいっていう気持ちは、今でも私の中にあって、人の為にしてあげたというふうに思ってしまい、反省したりと愚かしい日々が続いております。

布施の「布」は分け隔てなく、あまねく、「施」は文字通りほどこすという意味です。万人に等しく、施しをする人はもとより、受ける人の心も清く、布施の内容も清らかであることが大切であると説かれています。世間一般の損得勘定では、与えた人よりも与えられた人の方が得をするようなイメージですが、布施は、ほどこした人の方が幸せな気分になり、与えられた人よりも与えた人を幸せにするのではないでしょうか。それがボランティアでもあり、その心の転換の過程に寺院の建物やかかわる人々が関係する休息がとれればありがたいことです。

親鸞聖人のお孫さんの如信が語った思い出を、ひ孫の覚如が改めて記録して親鸞聖人の没後に完成した『口伝鈔』に、息子さんを亡くされ嘆き悲しんでいるご家族のことが書かれています。「なげきかなしまんをも、いさむべからず」、「泣きたい時には泣けばよい」というお気持ちです。嘆き悲しんでいるのを注意して、止めさせてはいけません。泣きたい時には涙すればよいと。また別の個所では「かなしみにかなしみをそうるようには、ゆめゆめとぶらうべからず。もししからば、とぶらいたるにはあらで、いよいよわびしめたるにてあるべし。酒はこれ、忘憂の名あり。これをすすめて、わらうほどになぐさめて、さるべし」、「悲しむ気持ちを少し休めてください」と。悲しみに悲しみが加わるようには慰めてはならない。余計に寂しくなってしまう。だか

ら、お酒でも持って行ってあげなさいと。このお話は家族を亡くされた方の御宅でのお話ですが、精神的に参っている方にも通じる話だと思います。

当寺は、本堂の他、離れにお仏壇があり、その部屋で十分悲しんでもらう、想いをはき出してもらう部屋を設けておりました。悲しんでいたり怒っている人を邪魔しないであげることも支援です。

日本人は、怒りや悲しみを表にださないのが美徳とされているところもありますが、ある寺院の掲示板に次のような言葉がありました。

「慈悲」あり「悲しみ」ある「怒り」は人とつながれる
「慈悲」あり「怒り」ある「悲しみ」はあきらめを生まない

と。感情・信条を吐き出すことも休息には必要なんだと思います。

また阪神淡路大震災の時、孤独死・孤立死が問題になりました。その原因の一つが、一人暮らしのアルコール依存症だと言われておりました。それ故、アルコールの提供はよくないということも言われた時期がありました。しかしある精神科医のお話で、「人と会話しながら飲むお酒は、会話が酒の肴になり、孤独死にはいたらない。むしろストレス発散になる」とお聞きしたことがあります。当寺での避難者は、お互い親しくなり、酒や食事を共にしている場面を何度もみました。口伝抄の「酒はこれ、忘憂の名あり。これをすすめて、わらうほどになぐさめて、さるべし」、当時はこの言葉を知りませんでしたが実践していたのだと今振り返っております。

私は当初、身体の休息には寺院の建物は役立ちますが、精神的な休息は寺院の建物でなく、そこに関わる人間によって精神的な休息が取れるかどうか定まると思っておりました。自分の感情が吐き出せて、気を遣わずに、「あなたは独りぼっちじゃないですよ。あなたの傍らにいますよ」という風に感じ取れるかどうか。そこから休息が始まると。しかし最近はそれに加えて「お寺の建物は〝ふるさと〟を構成している大切な要素」と思うようになりました。

行ったことがなくても、どんな人が住んでおられるのか知らなくても、『お寺は故郷を感じられるランドマーク』。津波で故郷の建物が根こそぎ流され、寺の建物だけが残った東日本大震災の被災者の声です。阪神淡路大震災でも震災後の都市計画で、ビルが立ち並び道路が整備され、下町が都市に生まれ変わり、故郷がなくなってしまった。そんな状況下で、「お寺や神社は行ったこともなく、どんな人が住んでおられるかも知りませんが故郷を思い出すランドマークで、『ほっ』とするものです」と。この故郷を感じられる「ほっ」という気持ちがあるからこそ、自宅に戻って

も休息がとれるのかもしれません。
もうお約束の時間が近づいてまいりました。

震災によって本当に酷い目にあった。悲しみ苦しみを住みかとする人を何とかしたいという願い。被災者が自分の現実を受け止め、尚且つイジケズ、感謝の念をもって生きるにはどうしたらよいか。自分の傍らにある小さな信頼できる人間との関係、あるいは銘木自然の美しさ、その中に生を受けて生きていることの喜びをかみしめながら、災害は自然がもたらした不幸ではありますが、「人間に生まれて良かったな。人間関係って良いものだな」と言えるように共に精進し、このままでＯＫの日々を過ごし、そして人生を荘厳していきたいものです。

「命は大切だ」「命を大切に」、そんなこと何千何万回言われるより、「あなたが大切だ」「あなたは見捨てられていませんよ。一人ぽっちじゃないですよ」誰かがそう言ってくれたら、それだけで生きていける。「あなたがいてくれてよかった」「あなたに出逢えてよかった」と想えたなら「お蔭様と生かされて有難うと生き抜く」ことができます。それが南無阿弥陀仏であります。そして「私が絶望しても私を見捨てないものがある」、そのようなことが感じられる時間と空間が、災害時における寺院の休息的役割ではないかと考えております。趣旨とは違う話になったかもしれませんがこれで終わらせていただきます。ありがとうございました。

◆栗田

先生ありがとうございます。本当にご自身の実践というか災害に見舞われながらずっと支援されてきたその実践に基づくもので、なおかつそれを今日と結びつけながら今回のテーマの休息のお話までしていただいて非常にありがたく、わかりやすかったです。ありがとうございました。それでは引き続きまして福祉事業団の理事長であります富和先生の方からお話をお願いいたします。

奈良・東大寺の境内で家族と人々の縁を結ぶレスパイト施設
「奈良親子レスパイトハウス」

富和　清隆

東大寺福祉事業団の富和でございます。それでは画面共有させて頂きます。今回のテーマが休息ですが、私は、休息、ひと時の安らぎっていうのは、気のおけない友達と穏やかに過ごす時間じゃないかなと思います。十年余り前に始めた親子レスパイトで気付いた休息についてお話したいと思います。

初めにコロナ感染前に作成した奈良親子レスパイトハウスの紹介ビデオございますのでそれを少しちょっと長いですけど見ていただければと思います。

（YouTube 解説：奈良・東大寺の境内で家族と人々の縁を結ぶレスパイト施設「奈良親子レスパイトハウス」）

私は、中学、高校を東大寺境内にあった東大寺学園で学びました。ちょうど六十になった時に、これまで学んだことを少しでも役立てたい、原点に戻って学びを深めたいと思い東大寺福祉療育病院での勤務を希望しました。そして、療育病院勤務をきっかけに、親子レスパイトの活動を始めました。東大寺の旧職員宿舎で、二十年近く空き家になっていた建物を活動の場として使えることになりました。お寺からは、資金での支援をいただいているわけではないですが、使えるように整備し、無償で貸していただくことになりました。何より東大寺の支援にということで、誰にとっても大変に安心感があります。いくつか地元の企業や個人にサポートしてもらっているんですけど、やっぱり東大寺の関連のところだから安心して支援して下さるのだと思います。

私はこれまで仕事として重度の子どもさんと関わる機会が長かったのですが、奈良に戻るころ、英国で子供ホスピスを始められたフランシス・ドミニカ師に出会い、医療でいうトータルケアよりさらに幅広い大事なサービスがあるということを教えてもらいました。それは家族支援であり、また、単に医療や福祉の制度に基づく支援ではなく、なんていうか、もっとこうスピリチュアルのレベルで難病や障害の子供やその家族と深い関わりを持つこと。この子の親でよかった、この人の子どもで良かったと感じてもらえることが本当の意味で安らぎであり、親子であるという喜びを噛み締められる時間を提供する、そうした支援の大切さを学びました。

ご家族は、日頃は病気の子供のお世話で余裕がないですね。そこで、親子が一緒に休息することだけを目標にしたレスパイトを親子レスパイトと呼ぶことにして始めました。体調の安定した時期であれば、お医者さんも一緒にいてくれて、病院のような医療設備がなくとも、それなりに色々気を配れば、楽しいことができる、できるんだっていうことを分かってもらう。重症の子は、管理して安全第一でやらないといけないんだって、日頃から家族も医療者も思ってるけど、もっと楽しい事ができるし、味わってもらいたいですね。

親子レスパイトに参加されている子供も家族も、単に誰かに何かをしてもらうという、いわば受益者ではなくて、むしろ世の中の人に対して、いろいろな障害、制限があっても人生を楽しむことが出来るということを発信する人だと思います。そうした意味で、親子レスパイト活動のなかでは、結構大変な役割を担っています。活動に関わるボランティアも家族から学ぶということだと思います。

いい出会い、毎日毎日を大事にしたい。人生の中で大事なものは何なのかとか、どうやって自分も乗り越えていけるかという、誰もがそうしたことを感じることができる機会をもらっています。

「れお君を連れてでも外に出れるんやなと。この子を連れて泊まりがけで旅行でどこかに行くっていう想像もあんまりできなかったんですけど、今回はこの施設に泊めていただいていろんなところに、観光として、若草山に登ったり大仏殿にお参りしたり、そういう体験を積む中で、れお君ってこういうことできるんやなって、未来を思い描いて、先のことを楽しみにしてもいいんやなってこう思えたことが一番大きかった。

初めてここ誘ってもらったので、お出かけできるし、お泊まりも出来るんやってここで思えて、安心して先生もみんな言ってくれた中でお泊りできたから、ここがきっかけでもう色んな所、ディズニーランドも行けたし。ほぼ毎年のようにユニバも遊びに行ったりしてて。もうここが本当に私の中ではもう初めなんですね。お泊りっていうかお出かけのきっかけを作ってくれたのが。すごい大好き。私は。」

（YouTube：参加ご家族の発言）

ありがとうございました。レスパイト、親子レスパイトハウスを始めるきっかけっていうのは、本当は福祉的なあるいは宗教的な動機ではございません。どちらかというと私の個人的な事情もあります。誰も、皆さんもそうだと思いますけども、事あるたびに懐かしく思い出したり自分を支えてくれたりする景色があると思います。私にとっては中高生の頃に散歩した東大寺の東塔跡の桜吹雪や二月堂から眺めた夕日がそれでした。四十年を経て奈良に戻った時に改めてその景色のかけがえのなさ、そしてそれを多くの人に触れてもらいたいという風に素直に思いました。そして、誰に一番共感してもらえるかと考えると、自分に与えられた時間を大切にして生きている人。いつも命が脅かされた状態にある難病の子ども。重症障害者そしてその家族ではないかという風に思いました。

個人的な思いをお話したついでに私の背景について紹介させていただきます。一九四九年生まれもうすぐ七二歳です。中高六年間は東大寺境内にある学校に通いまして、大学時代は南禅寺境内に下宿しておりました。卒業後はキリスト教の病院で小児科医としての研修を受けました。その後、小児科一般からどんどん細分化された領域に携わることになりまして、前職では治療することができない病気、それがいつ発症するかもしれないという不安を抱きながら発症前の遺伝子診断を求める人。あるいは子どもが将来重症の障害を持つかもしれない妊婦さんに対する出生前診断。そうした診療、相談に携わるカウンセラーの養成講座を担当しておりました。（表1）

長い職歴の中でいつも難治性の疾患の子どもと家族の傍らにいて、短くとも豊かに生きること、深く生きることとはどういうこ

とかということを考えさせられました。世界で最初の子どもホスピスであるヘレンハウスを開設したシスター・ドミニカと六組の患者さん、家族、スタッフが二〇〇九年に来日しました。当時、京都にいた私が京都を案内しました。案内中、シスターやスタッフから話を聞きまして、私が知っている医療や福祉の考えとは全く異なった、難病児そして家族支援があることを知りました。

こどもホスピスは早期の死を免れない難病の子供達とその家族を専門的にケアする施設のことです。安らかな死を迎えるということではなくて、よく生きる、あるいは深く生きることを目指します。レスパイトというのは在宅ケアの補助として子供を預かり、家族に休息を与えるケアのことを意味します。また後で申し上げます。

英国の子どもホスピスの全ては慈善事業という位置づけで、施設運営費のほとんどが地域の寄付によって成り立っており、その利用は全て無料です。ヘレンハウスは一九八二年に設立されました。子どもホスピスといっても、文化も医療制度も異なる日本社会になじみ、そして根付くか、運営時は可能かと考えると、すぐに同じことは始められないだろう。しかし英国の子供ホスピスから学ぶことはあるはずだ。せめてレスパイト活動の一部でも始められないかと、その年の秋、すでに次年度からの勤務を決めていました奈良の東大寺で、「こどものホスピス・レスパイトを考える会」を開催しました。

ドミニカ師からは深く生きることの大切さが語られる一方で、東大寺の森本長老からは奈良時代に慈悲に基づく優れた医療福祉制度があったことが語られました。古今東西宗教の違いはあっても現在の医療福祉制度の中で忘れがちな障害あるいは難病児への支援の心について考える会でした。

新生児・小児医療の進歩のおかげで、難病の子どもや先天異常を持つ障害の子どもの多くは、地域で暮らせるようになりました。これらの子どもの人生の質（ＱＯＬ）をいかに豊かにするかというのが現在の小児科の大きな課題です。子どものＱＯＬは障害の程度以上に環境、特に家庭環境に左右されます。難病・障害児支援は家族支援と一体であると言えます。管による栄養、呼吸器を必要とするなど、いわゆる医療的ケアを必要とする子どもた

自己紹介

49	出生(大阪府)	
68	東大寺学園卒業	東大寺境内
69	京都大学医学部入学	南禅寺境内に下宿
75	聖路加国際病院(東京)	小児科研修（米国聖公会の病院）
80	京都大学大学院	実験神経病理学研究
84	ロンドン神経病院/小児病院	神経遺伝疾患の診療と研究
88	滋賀県立小児保健医療センター	小児医療と地域保健
93	大阪市立総合医療センター	小児神経内科
06	京都大学医学研究科	診療と教育 神経難病の発症前診断 出生前診断
10	東大寺福祉療育病院	障害児医療と療育　東大寺境内

表１

ちは、かつては病院や施設の生活が余儀なくされましたが、在宅医療が進み地域で生活し成長することが可能になりました。一方、医療的ケアのほとんど全てを親が担っています。しかも毎年、子供の人口が減少する中、医療的ケアを要する子どもはむしろ増加し、この十年で二倍、二万人以上になったと言われています。（表2）

我が国の小児医療の動向

- 新生児医療、小児がん医療の進歩で多くの超低出生体重児やがんの子供が救命
- 救急医療、集中治療のため、重度感染症、事故も救命率が上昇
- 一方で、治癒後後遺症、先天異常による障害、難病を持ちつつ地域で暮らす子供の増加
- それらの子供のQOLは医療周辺の環境整備、特に家族のQOLに左右される

表2

レスパイトはまだ馴染みのない言葉かもしれません。レスパイトという英語の語源はラテン語のリスペクターレ（respectare）とされ、もともと小休止、息抜き、休息の意味です。（表3）最近ではレスパイト・サービスというように、もっぱら介護する人の休息の意味で使われます。難病児障害児を持つ家族にもレスパイトは必要です。しかし課題もいくつかあります。まず受け入れる絶対数が足りないことが挙げられます。また日頃、施設では長期入所の子どもの介護、病院では治療のための看護を行っていますが、家族の負担を軽減する為に入院する子どもの介護に慣れていません。家族は慣れないスタッフに子どもを託する事に不安があります。何よりも子どもにとっては、レスパイトや短期入所は休憩や楽しみにはなり得ません。医療や福祉の公的制度の一環として主としてなされているレスパイトの限界と言えます。

レスパイト　respite

- 何か困ったこと、辛いことから、しばらく解放され息抜きをすること　休息
  （法律）　猶予　延期
- 13世紀ラテン語　respectare
  （しばしば振り返る、考慮する）
  →立ち止まって考える、小休止
- レスパイトサービス　（研和大）
  家庭で介護をする人に休息を与えるための一時的な介護

表3

そこで私たちは親子レスパイトということを新たに提唱しました。一時的に介護を引き受けることで家族に休息を提供するいわゆるレスパイトケア、ショートステイ（短期入所）とは異なって難病や障害を持つ子どもが家族と一緒にゆったりとした時間を過ごし、生きる喜び、他の人々とともに在ることを再発見する機会の提供です。家族の絆を深め人々との縁を結ぶ場でもあります。（表4）

制度外の、従って収入の見込めない活動には資金が必要です。しかしお金を集めるために本来なすべきことがおろそかになるのでは本末転倒です。そこで、できるだけお金は使わない。ものは

持たない。数字に表れる成果を求めないことにしました。その代わりにお金を使わずに人の手助けに頼る。道具は借りる。食用など消耗品に限って寄付をお願いすることにいたしました。

一九歳のミトコンドリア病の男性とその両親に初めての、試しの親子レスパイトへの参加をお願いしました。もともと親の休憩のためのレスパイトなのに、なぜ親がついていかなければならないかを理解してもらうのは大変難しかったんですが、三歳の時から主治医として治療にかかわってきたことで信頼してもらえたのかと思います。参加いただきました。とにかく外出外泊は大仕事で、一泊のためにA４四枚もの持ち物リストが作成されました。たまたまこのトライアルがテレビの取材を受けることになってニュースになりましたので録画を見ていただきたいと思います。

（以下は録画ナレーション）

> 親子レスパイト
>
> • 親子レスパイトとは、
> 　一時的に介護等を引き受けることで、家族に休息を提供する，いわゆるレスパイトケア、ショートステーとは異なり、難病や障害を持つ子供が家族と一緒にゆったりとした時間を過ごし、生きる喜びと他の人々とともにあることを再発見する機会の提供
> 　家族との絆を深め、人々との縁を結ぶ場。

表４

「境内にある宿坊で、ある試みが始まろうとしています。『美容院に行ってきたんですよ（母）。』一人の男性がやってきました。ようこそいらっしゃいました。彼は普段なかなか外に出られませんがこれから二日間この宿坊で家族と共に過ごします。

『お疲れだったな。』招待したのは小児科医の富和清隆先生。難病の子どもとその家族に日常の生活では味わえない経験をしてもらいたいと考えています。

翌朝、健太郎さんが一番楽しみにしていた東大寺の大仏殿へ向かいました。

『すごいね。けんちゃん、おっきいやろ。』『おっきい。今まで見たのとちゃう。』

初めて見る壮大な大仏の姿を健太郎さんは、ただまっすぐに見つめていました。（図１）

『健太郎との二十年間というのは楽しく幸せな日々だったんですけれども、反面こう命と向き合う戦場のような時もありましたし、本人は幸せに家で暮らしてるんですけれども私が倒れたらもう本当にどこに行き場もないっていうような中で、ちょっと暗い気持ちになることもあるんですけれども、今回この宿泊に参加させていただいて魂が満たされるような気持ちになったんですね。初めて会う難病とか病気の子どものためにこうやって計画して、見えるところ見えないところ

で本当に動いてくださった、たくさんの方々、そのおもてなしの心づくしの心、そういったものがなんか、何もかもが一つになって私たちの気持ちがゆり動かされたのかなという風に思います。』

懸命に生きる子どもたちと家族が心休まる場所を作りたい。富和先生の思いが形になる日は遠くないのかもしれません。

初めての、いわば実験に参加していただいた高橋さん親子から学んだことはいくつかあるんですけれども、専門家に介護を委ねても親は決して休息できない。家族にとって子供との関わりは介護、労苦ではない。一方で、たまには上げ膳据え膳が夢ですよという言葉を聞きました。また、本人家族と知る人と共に楽しい時間を過ごすことが何よりも休息ですというお話を聞き、親子レスパイトに三つの柱を作ることにしました。（表5）

寧楽《なら》（なら）に遊ぶ。奈良を味わう。良き友に出会う。その三つが親子レスパイトの活動の柱です。少し紹介したいと思います。東大寺境内はもちろんですけども周辺には行ってもらいたい見てもらいたい場所がたくさんあります。若草山の頂上へは車で行けます。頂上から、近くは平城宮、興福寺、奈良盆地さらに生駒、葛城、金剛、大和三山がくっきりと見えます。また爽やかな風を感じることができます。境内では家族で本当にゆったりとお花見をしていただきました。また先程もビデオにありましたけども早朝散歩もしていただけます。（図2）

食事は最も力を入れている活動で二週間前には食事プロジェクトの人々が集まって旬にあったメニュー、食器を考えて試作を行ないます。食器と料理道具の多くは毎回会員が持ち寄ります。とっておきの食器の出番でもあります。できるだけ材料は奈良の

大仏様を「仰ぐ」

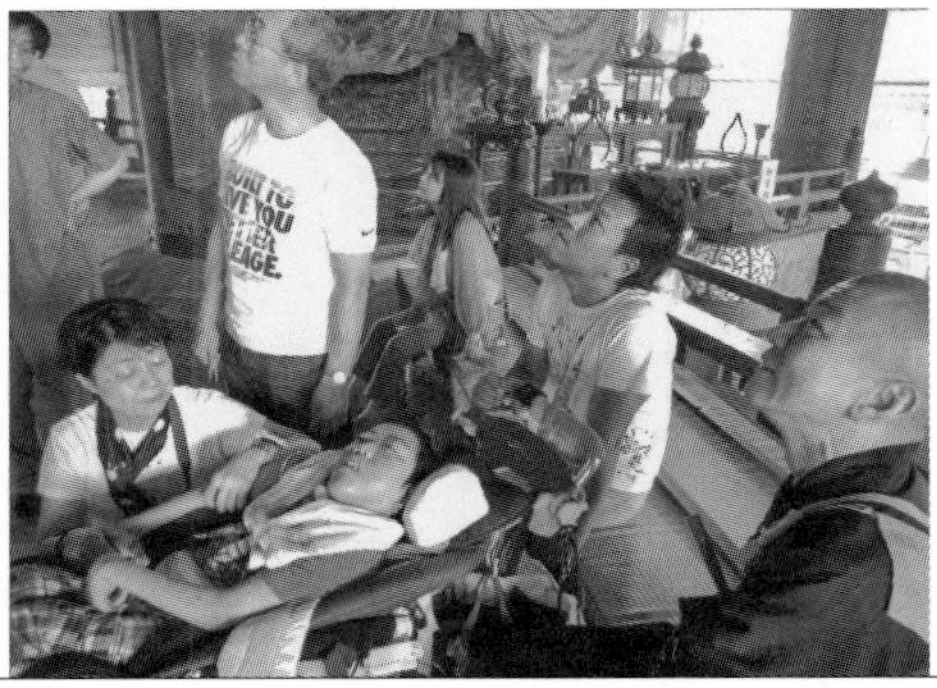

図1

高橋さん親子から学んだこと

- 病院外での宿泊外出の準備の大変さ
- 専門家にであっても介護を委ねて休息はできない
- 家族としての関りは介護、労苦ではない
- たまには「上げ膳、据え膳」が夢
- 本人、家族を知る人とともに楽しい時間を過ごすことが「休息」になった

- 本人の関心が、デズニーから寺社に代わった
- 家族は境内で過ごしスピリチュアルなパワーを感じた

表5

もの、会員が育てた野菜を使います。柿の葉ずし、奈良漬を始め地元企業の差し入れはメニューの定番です。定番と言えば朝のご飯は二月堂修二会で準備されるのと同じ方法で炊いた茶粥を出します。家族と同じものを楽しんでもらうために口で食べられない子どもには献立から作ったソフト食やミキサー食を用意いたします。

誰でもいつのタイミングでもボランティアの受け入れが可能のように心がけています。そのため料理も綿密な手順スケジュールが作成されます。いつからでも手伝うことができます。

私達が最も大事にしてるのは善き友として出会う、共に過ごすことです。広い世界、永久の時間の流れの中で出会えたこと。一緒に遊び食べ語らうことができたこと。何よりも生きて今共に在ることのかけがえのなさ、ありがたさを感じることができます。

5歳の誕生日に親子レスパイトに参加してくれた真央さん　(18トリソミー)

図2

善き友あるいは善友について、増谷文雄さんは『仏教の思想知恵と慈悲』の中でサンガにおいては全てが善き友と書いておられます。（表6）私達はサンガとは全くかけ離れていますけれども時々の出会いを大切にしていきたいと思っております。会員もまた善き友でありたい。

実際、親子レスパイトはボランティアの様々な活動で成り立ってきました。庭の整備。散策マップのための博物誌プロジェクト。そしてリノベーションのためのプロジェクトなどです。当初、宿泊はビデオで見てきましたように華厳寮でしかできませんでしたけども患者家族や研究者が集まって東大寺旧職員宿舎を大幅に修理した親子レスパイトハウスでの宿泊が可能になりました。リノベーションにあたっては、改めて親子レスパイトハウスのあり方を考え整理しました。バリアフリーは目指さない。バリアは手助けで一緒に乗り越える。誰でもがいつでも参加者として寄与できる場でありたい。大仏造立の際、聖武天皇は「一枝の草、一把の土も知識として受け入れるべし」とされまし

善友(善知識 kalyanamitta)

善き友を持ち
善き朋輩とともに在ることは
この道のすべてである

雑阿含経二七

（増谷文雄訳）

表6

た。東大寺の歴史の中で最も大切にされてきた精神だと思います。大正時代の建物と渡り廊下で続くキッチンサロン棟が平成二八年に完成しまして料理宿泊勉強会など多くの活動がこの場で可能になりました。また庭には十二種以上の薬草が植えられました。（図３）

奈良親子レスパイトハウス

平成28年キッチンサロン棟完成

図３

　一昨年末に始まった新型コロナ活動で親子レスパイトの活動は停止状態が続きます。最重度の子供のリスクはもちろん医療関係者として活動を自粛せねばならないからです。そこで現在はオンラインでかつて出会った人々と当時のビデオや写真を見ながら思い出や近況を語り合うことにしました。また複数家族が参加したイベントについては疑似体験をしてもらいました。境内の竹を組みそうめん流しを再現しました。家族だけでなく当時付き添って下さった学校の先生も転居された鳥取から参加されました。

　それぞれの家には東大寺の塔頭から頂いた青竹で作ったミニ流し台や定番の柿の葉ずしや奈良漬などをあらかじめ郵送し、オンラインで一緒に奈良の三輪そうめんを味わうことができました。当時の写真を見ながら思い出を語ってもらいました。またスタッフがスマホを用いてレスパイトハウスの周辺、大仏殿、二月堂などの実況中継を行いました。

　十年余りで気付いたことです。家族にとって共に過ごすことが貴重であり何よりの休息であること。主治医スタッフと家族の日常の関係性が親子レスパイトの成功のカギであると。親子レスパイトの日だけが楽しければいいということではなく、これからも診てもらう先生、スタッフと一緒に楽しみを共有すること。お手伝いの親子レスパイト会員、ボランティアにとっても良き出会い豊かな時間であるということです。

　親子レスパイトを始めて一一年もうすぐ一二年になります。最初にドミニカ氏、森本長老の話を聞きました。そして今、思うのは、難病の子ども家族、周りで支える人、そして今日であった人も、よき人、よき友との出会いを大事にして、今、ともに生きて在ることの幸せに気づくことが大切だということです。

　ご清聴ありがとうございました。

◆栗田

先生本当にありがとうございました。このシンポジストをお願

いした時にコロナの始まってる頃で、ちょうど親子レスパイトの活動も中止にならざるを得なくなってて、講演の時には何も話すことがないかもしれないというように言われてたんですけれども、色々なVTRを使いながら説明いただきました。食べ物も贈られたりして、コロナ禍の中でも本当に活躍されてるんだなと、皆さんいいなと思いました。ちょっと時間の関係で端折ったんだと思いますけど、本人の関心がディズニーから寺社に移っていったっていうあたりは、私はちょっと見てすごいなと思って聞いてたんです。

実はちょっとだけ時間があるので続けます。親子がずっと日常の普通の生活だけじゃなくてやっぱり子どもってどこかに行ったりした時にすごくインパクトを受けるんですよね。私は田舎が石川県で親が奈良に一度だけ小さいときに連れて行ってくれたとき、遠いものですから、東大寺に着いたらもう閉まる時間だったんですね。行ったらですね、ちょうど門番の人が閉めてるとこだったんですよ。うちの親二人が駆けていってその人に、私らはいいからこの子に見せてやってくれって言ったら、その人が許してくれたんですよ。あなただけ行きなさいって。その時に見た東大寺の大仏は今でも覚えてますね。やっぱりね。すごくこういう門番の人の、こういう優しさっていう、人の想いも加わってね。今日、さっきその彼がこうずっと見てる姿を見てふと思い出しました。それとスピリチュアルなお話もされたので、その点については、次の藤沢先生先生のお話がスピリチュアルも含めたお遍路さんの話なので、ぜひ続きに聞いてみたいと思います。藤沢先生よろしくお願いいたします。

休息、癒しとしての巡礼接待　～四国遍路とルルド巡礼～

藤沢真理子

「休息、癒しとしての巡礼接待～四国遍路とルルド巡礼～」ということで報告させていただきたいと思います。

先ほど五百井住職さんのお話を聞いて、八十八か所を聞き書き調査したんですけれども札所で有難いお話を住職さんからお伺いしたことを、すごく思い出しました。ありがとうございました。

富和先生のお話をお伺いして、私は元々ホスピス研究をするということで勉強を始めたものですから、イギリスのホスピスの話、すごく懐かしかったです。

本報告では、仏教巡礼の四国遍路とキリスト教巡礼のルルド巡礼における巡礼接待を比較検討することで、身体的・心理的・社会的・スピリチュアルな休息、癒しについて考えていきたいと思います。

柏木先生の「終末期医療をめぐる様々な言葉」を参照させてい

ただきます。今日ずっと緩和ケアというお話がお二人からあったかと思います。身体的ケア、心理的ケア、社会的ケア、そしてスピリチュアルなケアということで、例えば身体的ケアということにおいては、痛みや息苦しさなどのケアをしていく。心理的なケアという点では、不安とか鬱状態とか恐れなどのケアをしていく。社会的なケアとしては、社会生活の問題、人間関係、それから家庭内の問題などをケアしていく。スピリチュアルなケアとしては、人生の意味、四国遍路では白装束になりますが、死を決意してというか、それから金剛杖はそのまま卒塔婆になるという、そういったところがありますので、一度死ぬという、そういった意味合いがあります。そして再生という意味、旅でもあります。もう一つ今日ご紹介したいと思うルルド巡礼も、本当にもう亡くなる、危篤のような状態の方が汽車に乗って巡礼に行かれるという意味では、とても死ということを考えるという、スピリチュアルなケアという部分が含まれていると思います。

今日は、二つの巡礼をご紹介していきたいと思います。

二〇一五年四月二四日、文化庁は日本遺産として四国遍路を認定しました。本当であれば、動画をお見せしたいんですが、ちょっと文化庁の関係があり、ユーチューブ動画で「日本遺産」「四国遍路」という風にキーワードを入れていただきましたら、一分ちょっとの動画ですがよくできているので、ぜひご覧いただければと思います。（YouTube 動画１）

YouTube 動画１

資料１

こちらは四国八十八カ所の日本遺産の構成資産一覧になります。（資料１）八十八番札所の大窪寺ですが、私はその近くで生まれ育ちまして、子どもの時からお祖母さんに連れられてお参りしていました。大窪寺の本堂には、非常に薄暗い中にギブスや松葉杖が多数奉納されていました。願いが叶ったということで奉納されたということなんだと思いますが、そういった体験がこの研究にもつながっているかなと思います。

四国遍路は全長一、四〇〇kmになります。遍路道を毎年一〇万人ほどが巡っています。そして各札所では本尊と弘法大師にお経

を捧げ、納経帳に御朱印をしてもらいます。回遊型と呼ばれます。どの霊場からでも始められる巡礼です。

もう一つの巡礼ですが、フランスのルルド巡礼です。やはりルルド聖域のホームページにユーチューブ動画がありますので、もしお時間があれば見ていただければと思います。（YouTube動画２）この写真から分かりますようにピレネー山脈の麓にこの聖域はあります。地図で見ていただけたらお分かりいただけますように、フランスとちょうどスペインの境にルルドは位置しています。（資料２）こちらはルルドの聖域の様子ですが、自然豊かな場所になっています。そして、川のほとりに聖母が少女ベルナデットの前に出現した洞窟というのがありまして、そこで皆さんが祈りを捧げている様子です。世界中からとても多くの病人が集まります。

YouTube 動画２

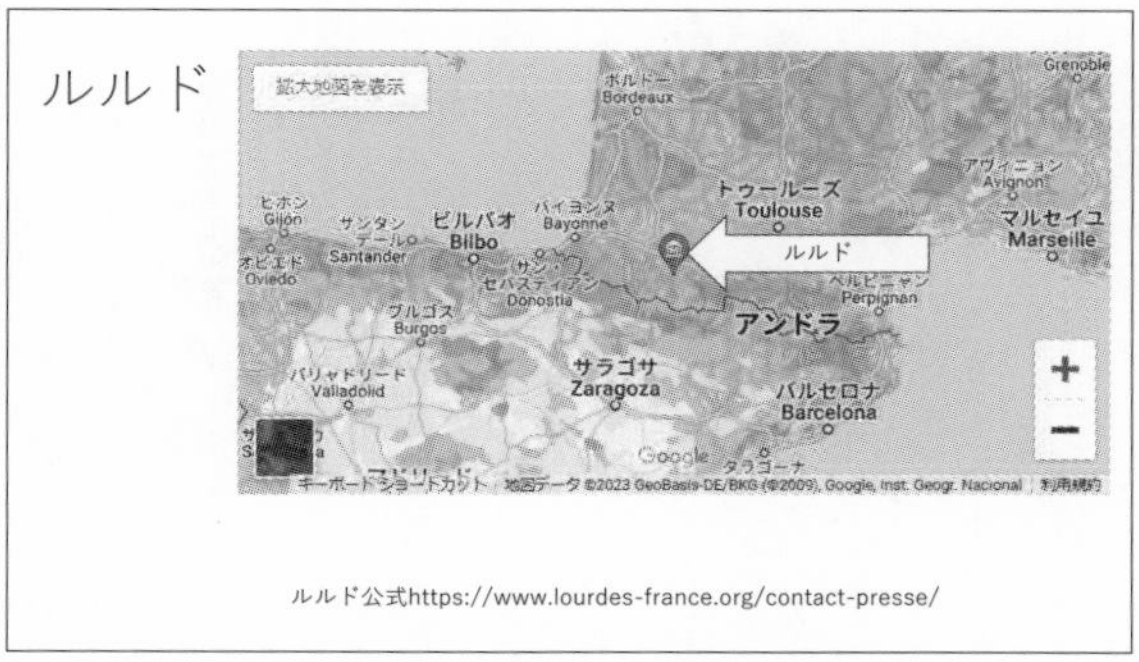

資料２

ここで小嶋博巳先生の「遍路と巡礼～その構造比較」を使って、巡礼の類型化を見ておきたいと思います。

四国遍路は仏教巡礼です。聖地の構造による分類としては、回遊型巡礼であり、徳島、高知、愛媛、そして香川県を巡っていきます。そして、聖地の信仰圏の広さ狭さによる分類としては、広域型信仰と考えられまして、四国だけでなく全国から巡礼者が訪れていて、最近は外国からも訪れています。そして巡礼者の資格制限の有無による分類ですが、開放型巡礼です。仏教徒だけでなく、それ以外の人達も巡礼しています。それから巡礼期間の限定の有無による分類としては、随時型巡礼です。春と秋のお彼岸の頃が多くなっています。巡礼者の宗教的ステータスによる分類としては、民衆の巡礼と言えます。古来、修行僧達が修行の場として四国を巡っていたわけですが、江戸時代から民衆が巡礼するようになっています。そして、巡礼者の集団性・組織性による分類としては、集団巡礼、個人巡礼が中心になっています。昭和二八年伊予鉄バスが遍路バスツアーを始めまして、そして、マイカーが普及してからは家族や仲間などで四国遍路をすることが増えています。近年の特徴としては、定年退職の方とか若者が自分への

挑戦としてお遍路をされることが増えています。

次にルルド巡礼ですが、キリスト教巡礼地になります。聖地の構造による分類としては、往復型巡礼です。目的地はルルドの先程見ていただいた聖域になります。聖地の信仰圏の広さ狭さによる分類としては、広域信仰型巡礼です。世界一三〇カ国から年間五〇〇万人の巡礼者が訪れています。巡礼者の資格制限の有無による分類としては、開放型巡礼です。カトリック信者が中心ですが、それ以外の人達も多く巡礼しています。巡礼期間の限定の有無による分類としては、随時型巡礼ですが、ピレネー山脈の麓に位置していますので、冬は非常に寒いので巡礼者が少なくなっています。そして、巡礼者の宗教的ステータスによる分類としては、民衆の巡礼と言えます。巡礼者の集団性・組織性による分類としては、集団巡礼です。教会や教区などでツアーを企画して巡礼団として来られます。そして個人巡礼もあります。

次に巡礼の動機を見ておきたいと思います。

四国遍路の動機は、江戸時代では弘法大師にとりつぎを願う信仰でした。魂を救うための悔い改め、病気癒し、罪滅ぼし、死者への祈り、代参がありました。現在としては、信仰、弘法大師への信仰、そして悔い改め、病気癒し、死者への祈りがあります。そして、歩き遍路の方達はやはり自分へのチャレンジという意味が非常に大きいと思います。それからご紹介にもありましたように、私は四国で生まれ育っております。四国の人間にとっては、この四国遍路というのは人生の最後を準備するという意味合いも持っています。

次に、ルルド巡礼の動機ですが、一八五八年貧しい少女ベルナデットに聖母が出現したことから始まった比較的新しい巡礼地です。聖母出現の洞窟から湧き出た泉の水が多くの病人を癒し、その評判からルルドに多くの人が巡礼するようになりました。現在五〇〇万人がルルドを訪れて、あの新型コロナの前なんですけれども、五〇〇万人がルルドを訪れています。ルルドでは現代医学で解明できないことが起こって、難病と言われる人々が治癒された事例が報告されています。

巡礼接待について見ていきたいと思います。四国遍路の巡礼接待を「お接待」と言います。そして、空海、弘法大師を「お大師さん」と親しみを込めて四国の人達は呼んでいます。そして、四国遍路をしている人を「お遍路さん」という風に呼んでいます。

四国遍路の聞き書き調査において、お寺の住職さんから「お接待の心は相互供養ですよ」とお聞きしました。こちら高野山霊宝館のホームページからご紹介したいと思うんですが、「胎蔵曼荼羅に描かれている諸尊は、それぞれの存在の意義を発揮しながら、相互供養し、大日如来この世の全ての生命を生かす大いなる生命ならびに慈悲や知恵を分担し、衆生を救済し、悟りの世界が得られるよう衆生を導いている働きのさまを表しています」という風に出ているんですが、四国遍路ではお大師さんと同行二人の

お遍路さんに、住民たちはお接待をさせていただきます。そしてお接待を受けるお遍路さんは「自分が非常に難儀している時にお接待してくれる、この人はもしかしたら弘法大師かもしれない」と、そういう風に相互供養という気持ちがあります。

キリスト教巡礼の場合ですが、聖書のマタイ二五章に「お前たちは、私が飢えたときに食べさせ、のどが渇いていたときに飲ませ、旅をしていたときに宿を貸し、裸のときに着せ、病気のときに見舞い、牢にいたときに訪ねてくれたからだ。（中略）わたしの兄弟であるこの最も小さい者の一人にしたのは、わたしにしてくれたことなのである。」というこの教えがやはりベースにあるかなと思います。

次に、治癒の事例というのをご紹介したいと思います。四国遍路の場合ですが、寺の由緒書きによりますと、こちらは二十二番の札所、平等寺の箱車です。寺の由緒書きによりますと「大正一〇年、林之助当時三一歳は脊髄の病気により下半身が痺れ歩行が困難になりました。父福次五四歳は多くの医者を訪ね、あらゆる治療法を試しましたが回復せず、次第に症状は悪化していきます。二年後には麻痺が上半身にも及ぶようになり、林之助は松葉杖を使うこともできなくなりました。もはや弘法大師におすがりするしかない。（中略）大正一二年一〇月、四国の山や野、川を何とか越えて、愛媛、香川、徳島と順打ちし二二番平等寺まで到着します。余程疲れていたのか寺に四週間滞在したようで、万病に効くという『弘法の霊水』を飲んだり、当時の住職谷口津梁《たにぐちしんりょう》師から加持祈祷を受けたりしながら過ごしていました。するとある日、林之助の身体は一本の杖（金剛杖）を使えば歩行できるまでに回復。もはや乗る必要のなくなって『箱車』は本尊薬師如来に奉納し、自分の足で残りの札所を巡拝しながら土佐へ帰郷された」と言います。

次にルルド巡礼の治癒の事例を見たいと思います。アレクシー・カレルはノーベル生理学医学賞を受賞した科学者ですが、若い医師だった時にルルドの病気平癒を自分の目で確かめたいと思い、病人の巡礼団に同行しています。ルルドへ向かう汽車の中で巡礼団長と話します。「回復を希望してこの長い旅行の苦しみにも耐えたのに希望が裏切られた人達は絶望と疲労のために死んでしまうでしょうね。」「ドクター、あなたは信仰を考えに入れていらっしゃいませんよ。治らなかったものも慰めを得て帰ってきますし、死ぬ場合にもやはり喜びでいっぱいですよ。」そして、カレルはルルドにおいて結核性腹膜炎の女性が目の前で治っていくという、そういった体験をします。そして先程、富和先生が聖路加国際病院でお勤めとお聞きしましたが、一〇五歳で亡くなった（聖路加国際病院）日野原先生が二〇〇三年九月にルルドを訪問されています。奇跡を検討する医学証明委員会の責任者の医師から、医学的説明を聞くことができました。「科学の力で説明できないからといって非科学的だとは言えないということも学びま

した」と朝日新聞二〇〇三年九月二七日に書かれています。

次に、四国八十八ケ所を聞き書き調査した、その結果をご報告したいと思います。八十八カ所中六二・五%で定期的なお接待があると回答されていました。四国四県別の割合としては徳島が四〇・八%、高知県が二五%、愛媛県が六五・四%、香川県が八二・六%となっていました。香川県は空海、弘法大師が誕生した地でもあり、また広島県や対岸の岡山県から接待講がお越しになられます。それから八十八番、結願寺の大窪寺があるということも影響しているかと思います。

定期的なお接待の時期ですが、春が七八・九%と最も多く、夏が一二%、秋が五・二%、冬が三・五%となっていました。

お接待する方達はどういう方かとみますと、地区が四〇%、個人二一・七%、先程もご紹介しましたが、お接待をするための講を作ってらっしゃいまして、その接待講が二〇%、寺院六・七%、ご詠歌グループ五%、その他六・七%でした。ヨガグループやそれからアマチュア無線などの方がしているということをお聞きしました。

お接待する動機ですが、弘法大師への信仰が五〇%と最も多く、地区活動として一六・七%、先祖供養一五・一%、願掛けや願いが叶ったお礼というのが一二・一%、それからこのお接待に関しては何代も何代も先祖から接待を続けているという方々もおられまして一二・一%でした。それからご自分がお遍路をしている時にお接待を受けた、その返礼で今お接待していますという方九%、身代わり七・五%、これは代参という意味が含まれているかと思います。そして、相互供養が三%、ギブアンドテイク三%、喜びを分かち合いたい三%、遍路助けたい三%、人に奉仕するため三%、遍路しやすいように手伝いたい三%でした。

そしてお接待するものの種類、これは定期的なお接待があるとご回答いただいた中での回答ですが、餅や草餅が三八・四%、お菓子三二%、みかん二五・六%、みかんは愛媛県でさまざまな種類の柑橘類がお接待されていました。ポケットティッシュが一七・九%、菓子パン一六・七%、ジュース一五・四%、ヤクルト一五・四%、お茶一二・八%、お金一二・八%でした。都会からお越しになられるお遍路さんがちょっと戸惑われるのがお金をお接待されるということです。四国の人からするとペットボトルとかであれば重いので、自分で喉が渇いたときに自販機で飲んでいただければということでお接待をするということをお聞きしました。手作り巾着袋一一・五%、うどん一〇・三%、これは香川県でやはりうどんの接待が多く見られました。タオルが七・七%、お寿司が七・七%、おにぎりが六・四%、蒸かし芋六・四%、こちらは高知県の札所です。お接待用の芋畑を持っておられて、そこで収穫されたものを蒸かし芋にしてお接待しているというお話をお伺いしました。

こちらの徳島新聞のニュースですが、徳島県の二十三番札所薬

王寺で和歌山からお越しになられている紀州接待講がお遍路さんをもてなしている様子です。お接待を受けたお遍路さんは納め札を差し出します。納め札というのは、本堂や大師堂でお経をするためにお参りした時に納めるお札になります。そして、何周巡っているかによって納め札の色が違っていまして、一周目から四周目は白色、五周目から六周目が緑色、七周目から二四周目が赤色、二五周から四九周が銀色、五〇周から九九周は金色で、写真の右側に五種類程ありますが、こちらは錦の御礼になります。一〇〇周以上の方が納める納め札になります。これはお聞きしたお話なんですが、この錦のお札が非常に有難いというので、織糸をばらしてですね、お茶に入れて飲むと病気にならないですよというお話をしてくださった方もおられます。

こちらは四国遍路情報サイト、四国遍路のホームページの写真ですが、善根宿という風に書いていますが、一般の住宅の方が提供します。写真のこちらはコンテナですが、本当に普通のお家が「今日は命日なのでぜひお遍路さんに泊まってもらいたい」ということで善根宿を提供するという、無料で宿泊を提供するということが四国ではよく見られます。また、こちらは三十四番札所の種間寺の通夜堂ですが、やはり四国遍路情報サイトの四国遍路からの写真です。こちらのシャッターのある部分が通夜堂になっていて、中の様子が下の写真のようになっています。善根宿と通夜堂との違いは、善根宿は一般のご家庭が無料で宿泊を提供する。通夜堂の方は、お寺の方が無料で宿所を提供するという、そういった違いがあります。

こちらは西予市ホームページからですが、茶堂です。西予市城川町には五二の茶堂があります。四国遍路や通行人にお茶をお接待するなど信仰の場になっています。同時に、村人の人たちがお接待を終えた後に酒宴を開いて懇親の場となり、コミュニティセンター的な役割も果たしています。

こちらはお遍路オンラインホームページの写真です。車のお接待ということもあります。私も実際に歩き遍路の方が足を引きずっておられるので「次の札所までお乗せしましょうか」と言いますと、すごく喜んでいただけました。ただ、歩き遍路の方は絶対に全て歩くというふうに決めておられる方もおり、そしてお接待は申し出られると断ることは基本的に出来ないとも言われていまして、次の札所まで車でお接待してもらい、その後にバスでもう一度元の場所まで戻って歩いたという、そういうちょっと大変なこともお聞きしました。ですから今頃は、はっきり「私は歩くことを」と断る方もおられます。

また、道普請や遍路道の表示のお接待というのもすごく有難いものです。遍路道保存協力会のホームページですけれども、特に歩き遍路の人たちは道をどちらに行けばいいのかということがすごく分かりづらい場所があるので、こういった表示が有難いものになっています。これは小松島の方だと思いますが、マムシが出

るようで、「マムシに注意」という親切な表示も出ております。

四国八十八ヶ所霊場会には英語版がありますが、外国のお客様、お遍路さんにインターネットの情報のお接待というのも今重要になっているかなと思います。写真はツーリズム四国のウェブサイトからです。こちらは高知県黒潮町の津波避難タワーです。高知県はずっと太平洋岸をお遍路さんは歩いて行かれます。今後三〇年以内に七〇％から八〇％の確率で南海トラフ地震が起こると言われていますので、津波避難タワーがどこにあるかという情報をしっかり配信することも重要なことになっていると思います。

次に、ルルド巡礼接待の方を見ていきたいと思います。訪問した時にお聞きしたシスターから「ここでは人間を中心に考えています。ベルナデットの体験（聖母マリアが貧しく階級も一番下の自分を人間として取り扱ってくれたこと）をここに来られた病人の人々に体験してもらうことが目的で価値があると思います。」ということをお聞きしました。

こちらはルルド聖域のホームページですが、一般的な活動をするボランティアと病人の方達をお世話するホスピタリティの募集が出ているところです。ボランティアやホスピタリティは病人や障害を持つ人をサポートします。こちらはルルドの沐浴場です。この沐浴場に関しては、ルルドの聖母ホスピタリティがお世話をします。そういうことから、ルルドの聖母ホスピタリティは研修を受けたり、推薦状などが必要であったりします。病人を世話するということで、ホスピスボランティアが養成講座を受けないと出来ないというのにちょっと似ているかなと実際にお邪魔した時に思いました。

また、ルルドの泉の水ですが、ルルド聖域内には蛇口がたくさん設置されていまして、そこで水を汲むことができます。先程の沐浴場もこのルルドの泉の水を引いています。またこれはルルド聖域内ですが、真ん中にポー川が流れていて、ピレネー山脈の麓ですので非常に爽やかな、夏に行きましたけど非常に爽やかな風が吹いていて、そういう自然が癒すという意味もあるかなと思いました。

最後に新型コロナウイルスと巡礼地を見ておきたいと思います。こちらは四国八十八ヶ所霊場会の二〇二〇年、昨年の八月五日の更新版です。「二〇二〇年六月一日より各寺院の納経受付に関しては全て通常通りになっています」という風に出ています。こちらの表は昨年の二〇二〇年四月二五日現在の緊急事態宣言における四国八十八ヶ所霊場の対応一覧表になります。感染予防のために納経等を四月二五日時点で閉鎖している寺院があるというお知らせになります。

これは、善通寺で初めてのオンライン法要、四国八十八ヶ所霊場会が開催しました。ＫＳＢ瀬戸内海放送のニュースですが、空海が弘法大師の名を授かって一一〇〇年を記念して法要が行われ

ました。こちらは御宝号八十八億回念誦プロジェクトです。毎日、唱えていただいた御宝号の数を四国八十八箇所霊場会ホームページの特設ページに数を入力していくということです。九月二七日の段階で三八〇〇回程だったと思いますが、そういった新しい試みをされています。

　ルルド巡礼について、新型コロナウイルスの影響を見たいと思います。ルルドは新型コロナによりまして二〇二〇年三月一七日から二ヶ月間閉鎖していました。五月一六日から再開しています。二〇二〇年、巡礼団による団体の巡礼は基本的にできず、個人巡礼のみ受け入れていました。そのため、聖母が十八回目、最後に出現した七月一六日を記念して二〇二〇年七月一六日オンラインによるルルド・ユナイテッド（LOUREDS UNITED）が行われました。ソーシャルディスタンスを取るために、聖域内の地面に白い丸を描いており、密になることを避けています。また二〇二一年にも、やはりまだ新型コロナは収束しておりませんでしたので、七月一六日にオンラインでルルド・ユナイテッドが開催されました。朝の七時から夜の一〇時半までずっとライブ配信されました。二〇二〇年と比較しますと、密に見えますが地面に白い丸が描かれています。七月時点でヨーロッパは日本よりワクチン接種が進んでいたかと思います。ただマスクは着用していて、聖職者も司式する神父以外、常にマスクを着用しており、信者も聖体拝領のとき以外はマスクを着用しています。

　こちらが二〇二〇年のルルド・ユナイテッドの様子です。地面に白い丸がありソーシャルディスタンスを保っています。こちらが二〇二一年七月一六日のルルド・ユナイティッドです。やはり地面に白い丸があり、ソーシャルディスタンスを確保しようとしています。

　最後にまとめです。

　休息、癒しとしての四国遍路としては、ハード面として、まず環境として四国の風、緑、海、山、川、こういったことで癒されると思います。建物・場所としては、札所、宿坊、遍路道、善根宿、通夜堂、茶堂などが休息の場になっているかと思います。また、ソフト面としては、人の温かさ、地域住民、接待講、お接待する個人、札所などで温かいもてなしを受けて、「明日へのエネルギーが湧いた」とお遍路さんたちが言われていました。また、各札所で読経して納め札を納め、そして納経帳という、この仕掛けは一つずつ積み上げていき八十八カ所を目指していくという、とても前に向いて進む仕掛けになっているかなと思います。

　そしてルルド巡礼の方ですが、ハード面として、まず環境としてピレネー山脈の麓の自然、山、川、そして空気、水でとても癒されます。建物・場所としては病院、教会、修道院などが休息の場になっているかと思います。ソフト面としては、人の温かさ、看護師、医師、聖職者、ボランティア、ホスピタリティなどの温かいもてなしを受けて、シスターからお聞きしたように「一人の

人間として大切に扱ってくれる」といった経験、体験が明日へのエネルギーになっているかと思います。沐浴やミサ、聖体行列、ローソク行列は、新型コロナ感染の前は、何万人という規模でやっていたので一体感があり、そこでエネルギーチャージされたということもお聞きしました。

四国遍路、ルルド巡礼では、身体的・心理的・社会的・スピリチュアルな休息、癒しにつながる様々な実践がされていました。しかし、コロナ禍によってその活動がなかなか展開できなくなったということで、それぞれの巡礼地はオンラインを活用したり、ウェブサイトを非常に充実させています。またライブ配信をしたり、ＳＮＳを活用して、現地に行くことができない状況であっても一緒に祈りを捧げるという新しい形が生まれています。新型コロナウイルス感染拡大が収束した後も、オンラインを活用したこの新しい巡礼スタイルは病気などでなかなか現地に行くことができない人にとってはとても有難いものであり、今後オンラインとリアルという二つの形で展開していくのかなということも感じています。

それでは、「休息、癒しとしての巡礼接待～四国遍路とルルド巡礼～」を終わらせていただきたいと思います。

この写真はちょうど今、私は研究室から報告させていただいてるんですが、正面に御嶽山が見えます。雪が降るとはっきり富士山のように見えるんですが、今日はちょっとぼんやりとしか見えませんが、こういったある意味、人生という旅でこういう素晴らしい景色を見せていただきながら、今日は報告させていただきました。ご清聴ありがとうございました。

◆栗田

藤沢先生ありがとうございました。個人的なことですけどルルド・ユナイテッドって七月十六日って私全然知らなかったんですけど、私の誕生日だということがわかりました。

◆藤沢

おめでとうございます。

◆栗田

来年には参加したいなと思ってしまいました。

◆藤沢

多分コロナが流行ってないとやらないと思う（笑）。実際の現地集合になると思います。

◆栗田

藤沢先生は私が四国に若い頃勤めてた大学の時の学生さんで、その時にカトリックの大学なのに、なぜこんなことしてはるんや

ろうと思ったことがあって、ユニークな学生さんだと思ったんです。ハード面ソフト面で自然とか含めた巡礼、その活動そのものが休息であるということと同時に、お世話をするとかお接待というそういうソフト面。それから中間ぐらいにあるのかもしれませんけど、その飲食ですね、いろんなもの。そういうものがみんな休息になってるのかなという感想を持ちながら聞かさせていただきました。ありがとうございます。

しばらくの間ですけども今までのお話を聞いてコメンテーターの小笠原先生に一言いただいてから、休憩の方に入ります。小笠原先生、大変長い時間に対しての少しの時間のコメントですけども、よろしくお願いいたしたいと思います。

◆小笠原

はい、コメンテーターの小笠原です。予定のスケジュールでは、もうコメントの時間は終わっています。「休息」をテーマにしたシンポジウムで休憩の時間を削っちゃいけませんね（笑）。そんな訳でコメントはやめようかと思いましたが、休憩時間に参加者から質問をいただくことになっています。なので、その時間をあまり削らないように短く一つだけ言っておきます。

シンポジストの発言を聞きながら、ずっと考えていたのは、癒しと休息は同じではないということですね。「休息」の反対語って何かなと考えましたが、「運動」とか「活動」、あるいは「仕事」とかですかね。活動とか仕事とかがあって、休息がある。そういう意味では休息というのは受動的という感じがしますが、でもどちらが本でどちらが末なのでしょうか。どうも休息というのは、受動的というか、受身的な意味で捉えられがちですが、休息のために私たちは普段活動しているのではないでしょうか。そんなことは周知のことだと言われそうですが、話を聞きつつ、そう言うことを考えながら、前半は終わっていました。参加者からいろいろな質問が出て、どういうふうに展開していくかわかりませんが、こういうことを考えつつ後半を聞いて、最後にまたコメントをさせて頂きます。

◆栗田

ありがとうございました。休息を取るために短くしていただいて。この後休息に入りますので、質問はチャットの方に書いていただいて、それをとりあげながら後半、それほど長くはないですけど、議論をしていきたいと思います。四時まで休憩を取りたいと思います。予定通りの四時にまた戻りますので、参加者の方何かありましたらチャットの方に書いていただければと思います。少し短くなって申し訳ないですが、では休憩に入ります。ありがとうございます。

〈休憩〉

◆栗田

もうしばらくで再開しますので、もし何かご感想とかありましたら是非チャットの方にお願いします。

それでは再開したいと思います。少し休めましたでしょうか。休憩が短くなって申し訳なかったんですけども、ご質問とかは私が見る限りはいただいてないようです。ダイレクトにいただいた分を読んでいただいた上で、それをシェアしてお答えいただけたらと思います。

◆栗田

富和先生の内容をご紹介いただきますか。

◆富和

ちょっと外れるかもしれないけど、直接読みます。「お話を大変興味を深く聞かせてもらいました。医療的ケアを必要とする子どもの重症化率の上昇の原因は何か教えてください。」って書いてありました。ちょっと逆説的に聞こえるかもしれませんが、基本的には、医療の進歩によるといわねばなりません。

例えば未熟児が助かるようになったんですね。最近では、出生体重五百グラム以下の子どもさんも助かるようになりました。ただ、五百グラム以下だと、半分ぐらいの人が運動障害や知的障害など何らかの後遺症、障害を持つことになります。ですから命は助かるけどもすべての子供が完全に機能を保ちながら、ということではないのが、今の周産期の医療の限界です。また、これまでだったら交通事故とかインフルエンザ脳症など亡くなっていた子の命を、救急医療や集中医療のおかげで助けることができるようになった。それから小児がんですね。子どもの癌は今やほとんど助かる。しかし治療のため後遺症を残す子もいる。医療の進歩によって救える命が増えた一方で、少数ながら後遺症を残し助かるというケースも増えているということだと思います。絶対数として全国で二万人というのは非常に少ないといえますが、割合としては急速に増えているっていうことだと思います。

◆栗田

あのご質問した方、もし何か発言があればどうぞ。よろしいですかね。急にありがとうございます。それだけこう増えてきてるっていうことは、あの親子レスパイトのような、こういう休憩のような場所もまたそれだけ必要になってきているということですし、これからの時代のある意味、非常に重要な部分なんだろうなという風に思いますね。過去には見えなかったものが、どんどん見えるようになっているということでもあります。今の点について何か藤沢先生とか五百井先生、何かご自身の立場から思うことありますか。

◆藤沢

医療的ケア児については授業などでも学生たちに紹介するんですけれども、レスパイトケア、家族を支援するということが、どれだけ重要かということについては、学生たちがとても良い感想をくださっています。やはりすごく大変だと。それから実際に学生のご兄弟で障害があるという方たちもおられますので、親御さんがご苦労したり、それからご兄弟がアシストをして支援しているという事例の方もいます。授業では、非常に実体験に基づいた感想をいただいて、こっちの方が感動するような時があります。ありがとうございました。

◆栗田

はい、ありがとうございます。先程のルルドにしても、四国遍路にしても、障害とか病気を抱えた方が行っているって言われました。これから親子レスパイトのような重度障害の子どもさんを抱えた方々も行けるようならいいですね。なかなか大変なことですけどね。特に四国の山の中とか大変なんですけど、そういうことがやっぱり必要になってくるのかもしれません。また私、別のシンポジウムで話したんですが、障害者が災害の時、要支援の時の災害は普段以上に大変なので、その辺の事で五百井先生何かちょっと発言ありますかね。

◆五百井

阪神大震災の時に比べれば、今現在いろんなところにいろんな問題が指摘されまして少しづつ良くなってきてるとは思いますが、殆ど変わってないというのが現状かと思います。コロナ禍ではワクチン接種を二回受けてない県外の支援者が入れないとか、県内の人に限るとか、公的なところはそういう指定がありました。中には独自の繋がりから入って活動された方もおられますが、報道のみを鵜呑みにして、現地に行きたくても行けないという現状もありました。公的支援の報道のみを絶対化してしまうとらえ方、直接の現地からのＳＯＳには応えても良いんだとは思えなかった人も多くおられました。私がお預かりしている寺は、公的な体育館や学校に避難が難しい、障害をお持ちの方や病気の方のサテライト避難所となっておりました。体育館などの公的避難所では障害をお持ちの方や病気の方への差別が生まれたりもしていたのも現状です。私が伺った熊本県のある避難所では、そこに社会福祉士の方がおられ、適切な対応をされていました。本人や家族がはっきりこうしてほしいと言える人もあれば、遠慮して言えない人もおられるので、そこでの問題は表に声になって出てこない。声なき声を聞いていかなければいけないなと思います。そうでなければ、知らないことがそのまま「これでいいんだ」と問題にすらならずに済んでしまう問題があります。寺院や神社や老健施設などが全面的な避難所ではなくても、サテライト避難所を

引き受けてくだされば少しは問題が軽減されるのではないでしょうか。

◆栗田

はい、ありがとうございます。今日の最初の基調講演、松本さん、今お忙しくてもう退出されてるんですけど。基調講演の銭湯も非常にこう人が集まっていくっていう面では非常にいいんですけど、やはりあの作られた経緯とか歴史的なことがあるのでバリアフリーではないんですよね。でもそういうところの経験というのも、障害を抱えた方ができるようになっていくのがいいなと思います。そんなことをふとこの前、松本さんと話してたことあるんですけども、そういうことも含めて、これから休息のことは重要なのかなと思います。藤沢先生のところにいっている質問って、どんなのでしょう。

◆藤沢

はい、読ましていただくと、「スピリチュアルケアという言葉が出ましたが、現在の医療や病院では正直なところ充実していないと思います。スピリチュアルケアと魂の癒しと考えるべきか、生きるという生の感性と見るべきか、休息と少し離れてしまいますが、教えていただければ幸いです。」というご質問をいただいております。

◆栗田

はい、休息は今回特別な話しですから、そこは置いておいて、是非、今の質問のことをまず先生の方からお願いします。

◆藤沢

先ほど報告の方でもご紹介した柏木先生ですが、淀川キリスト教病院の先生です。ご紹介した文献の中で、スピリチュアルケアというのをなんとか日本語にできないかというので色々考えて、霊的ケアとか、魂のケアとか、実存的ケアとか、宗教的ケアとか、やっぱりどれもぴったり来ないということでスピリチュアルケア、このまま使うしかないかなということを書いていらっしゃるんです。スピリチュアルっていうのがすごく抽象的で、その言葉の中心が一体何なのかということをやはり書かれていまして、柏木先生は「存在の意味」ではないかという風に考えられています。スピリチュアルペインというと、自分の存在の意味が危うくなることに伴う痛みで、スピリチュアルケアとは「存在の意味がつかめるように関わりケアする」という意味であると書いていらっしゃるんです。さらに、セントクリストファーホスピス、イギリスのホスピスの母と言われていますシシリー・ソンダースと柏木先生が話された時に、「スピリチュアルペインについてどういう風な痛みですか」と聞くと、ソンダースは「存在の意味や価値観に関する痛み」という風に答えられたそうです。柏木先生は

そのソンダースの答えをまとめていらっしゃるんですが、「スピリチュアルケアとはその人が自分の存在の意味がつかめるように、その人が持っている価値観を尊重してケアする」事という風にまとめられています。非常に分かりやすいというか、やはりご自分がホスピスの中でお考えになられてきたことが、さらに日本人にピタッとくるような表現の仕方として、すごく分かりやすいなと思いました。もう一度ご紹介しますが、「その人が自分の存在の意味がつかめるように、その人が持っている価値観を尊重してケアする」ということをまとめられておられます。以上です。

◆栗田

はい、ありがとうございます。その存在の意味を捉える時間っていうのが必要なんだと思いますけど、富和先生もスピリチュアルなことをちょっと触れられておられましたが、どうでしょう。

◆富和

いやあんまり知らないのにちょっと恥ずかしいなと思いながらお話しました。質問されたというか、コメントされた方のおっしゃることは、本当にそうだと思います。私の医師としてのスタートはキリスト教病院で、そこで色んな意味で影響を受けました。しかし、その後は市立、国立とか、県立など、公立病院で働いてきました。先程、五百井さんもおっしゃったかもしれないけど、日本の医療制度は公的サービスとして位置づけられていて、公的サービスは宗教とか哲学とかそういうものを全部排除しています。意識的にかどうかわかりませんけど。ですから、その哲学とか宗教を排除した枠組みの中で、スピリチュアルケアを医者とか看護師がするとすれば、いわば個人のレベルでしかできないという、そういう現実がまずあると思います。

何のために医療をしているのか、医療の中でどういう人との関わりを持っているのだとかを深く考えることが大事だと思います。先ほどスピリチュアルケアとの関連で存在という言葉が語られました。私は親子レスパイトでは「ともに在ること」を感じます。存在、歴史的時間の中での存在であるとか、あるいはインデアベルトザイン（In-der-Welt-Sein）っていうんですかね、世界の中にある自分というとか、そういう存在といいますかね。その時、同じ空間の中でそれぞれが生きているということのその意味をしっかりと引き出していくことが、医療の現場においても大事だと思います。

こうしたことは、これまで、あまり大事にされず、もちろん授業でも語られませんでした。今やっと先生がおっしゃる緩和ケアっていうか、そういうところでスピリチュアルという言葉が出てきたんですけどでも、それもまだ、なかなか、深く掘り下げられ一般に馴染んでいるようには思いません。

◆栗田

そうですね。その非常に医療の現場は科学中心ですね。アメリカとかヨーロッパの病院に行くと、中にこうチャプレンの人もいるのがごく普通です。私、昔、小さいとき入院したのは公立の病院だったんですけど、そこの掲示板が哲学、多分聖書からだったと思うんですけど、でっかい掲示板があって、それを時々見に行ってました。そういうのは今、全然確かにないですよね。離れてしまっているというか。でもあるとなんかほっとする。確かに長く入院してたりすると思うことはあります。五百井さんは災害の現場でも仏教的な立場だと思いますけど、この辺はどういう風に思いますか。

◆五百井

今の藤沢先生の存在の意味という言葉と、その人が持っている価値観を尊重してという言葉、このこと自体が私は、実はボランティアということかなという風に思ってるんですね。ボランティアというのは、もうその人の尊厳を見出すことだという風に言われた方がおられ、言葉を聞いた時、最初どういう意味が分からなかったんですけれども、二十六年この問題に携わってきて、ようやくそういう意味なのかというのが、この頃少しずつ自分自身の中に腑に落ちてきました。今のお二人の先生方のお話をお聞きして、やっぱりそういうスピリチュアルケアということの大切さ、そのことに関しての重要性ということに、今気付かせていただいております。

◆栗田

ありがとうございます。ボランティア、何かをこうしていこうという、相手に対してということが自分にまた返ってくる。自分の存在ってこういうことなのかなと思います。

私、学生の相談をする時にこの頃ね。ある症状に対しては、布施行為をするようにさせてるんですよ。そうすると、ずっと自己中心で考えてて悩んでた人が、ふっと症状が取れるんですね。それで変わっていくことがあって。そういう何ていうか、今日の学長の利他ということが、こう跳ね返ってくることは、すごく思うことがあります。そういうところから、つまり福祉の入り口から本人の深さも含めた中に入って行っていくのかなということを思ったりします。

この辺でコメンテーターの小笠原先生、どのように思われますかね。急に振りますけど。最初の医療のことでもいい、今のスピリチュアルなことでもいいんですけど、今までのちょっとお三人のことか、それからこれまでのことを含めて、今の段階で何か思われたこととかあればお願いします。

◆小笠原

休憩に入る前に言ったことですが、休息というのは、一般的には本来やるべきことがあって、ちょっとしんどいから休むと捉えられます。けれでも、そうなのでしょうか。これは、スピリチュアルな関りとかも関係することです。障害のある方とか、医療が必要な方に関わっているときは、障害が無くなったらよいとか、病気が治ったらよいとか、そういうことを目指すのではありません。そんな物理的な問題ではなく、精神的な問題とかでもない。どう言ったらいいのか。そこがうまく言えないのですが、さっきのことに続けて言えば、この学会で議論している休息というのは、一つ正しい価値観だと思ってきたことに取り込まれたらダメだということではないかと思います。冒頭にあった龍谷大学学長の挨拶では利他に言及されて、ＳＤＧｓの話をされたことを印象深く受け取りました。学長がこの学会のシンポジウムの趣旨をどのように理解されたか分かりません。たださすがに龍谷の学長だ、鋭いコメントされるなと思ったのは、要するに今の時代は、私たちが一つ正しい価値観だと思ってきたこと、何か数字的な成果を上げるということ、業績主義というのでしょうか、そういうものに取り込まれてしまってはダメだと言っておられた、まさに、そのことじゃないかと思いながらシンポジストの話を聞いていました。

たとえば最初の発題で五百井先生が、寺の建物が故郷を感じさせると言われた。なるほどと印象に残りました。何故かと言うと、いわゆる旦那寺であろうがなかろうが、知らない場所でも、そこに寺があれば、郷愁を感じるからです。寺は、そこにあるだけで意味がある、今そこに、です。それは何か数字で表わせる性質とかではありません。私たちは、そういうものがあるから生きていけるのではないでしょうか。それから富和先生のお話しでも同じことを思わされました。やっておられる活動に数字で表せる成果は求めない、決して数字で示せる成果を求めてやっていないとおっしゃっていました。これが冒頭の学長の話と繋がるように思います。もちろん藤沢先生の四国八十八か所巡りの話もそうです。最近はツーリズムとかで、観光業者にパッケージ化されている面もありますが、やはり全部歩いて回る人も少なくありません。宮本常一の『山に生きる人びと』に、遍路道の中にもカッタイ道という、昔はハンセン病の人が歩いている道があったと書いてありました。そこはいわゆる遍路道と少し違うようです。けれども、そういう道があって、そこで生きていけるようになっていたようです。それは、たぶんルルドも同じだと思うのですが、八十八ヶ所巡りの原点みたいなものでしょうか。今の観光化された遍路とは違いますが、むしろ観光化していく過程において数字で測れるものに飲み込まれたかもしれない。ここで本末の転倒があるのではないでしょうか。何か普段の活動がしんどくなったから休息じゃなくて、休息のために普段、つまり日常があるのでは

ないか。だから、どっちが日常でどっちが非日常かというと、今は確かに休息が非日常の世界なのでしょうが、そうではないのではないかと思っています。

人間には休息が重要なのではないか、休息のために色々な活動をやっているのではないか、その最後が極楽往生なのかもわかりません。これは、とんでもないコメントかな。そんなことを考えていました。

◆栗田

非常に言葉足らずなんですけど、的を得たというか、重要な、本当に重いところかなと思って聞いてました。

◆小笠原

では基調講演の風呂の話とどう結びつくのかです。なにも無理に結びつけなくてもいいのですが、福祉と風呂と言えば、まず光明皇后が作ったとされる法華寺の「カラ風呂」を思い出します。和辻哲郎が『古寺巡礼』に書いていることでは、「西洋の風呂は事務的で、東洋の風呂は享楽的だ」ということが思い出されます。この指摘自体も癒しの風呂ということだと思いますが、その部分ではなく、光明皇后の伝説について書いている所では「蒸し風呂を民衆に施すことは、慈善病院を経営するのと同じ意味の仕事になる」としています。これは最終的には光明皇后の伝説を宗教的にどう理解するかということだと思います。つまり深めていけば、あの伝説が本当かどうかとかの話ではなく、仏教的にはどう解釈するか、言い換えれば癒しを求める人にどう対応するが正しいのかという仏教信仰の深浅を問われているということでしょう。

五百井先生は、テルマエロマエの話もされました。西洋でもギリシャ・ローマ時代には、事務的ではなく享楽的、つまり癒しの風呂だったということなのでしょうか。日本では風呂は江戸時代になって大衆娯楽的にものになったと話されました。これも仏教社会福祉と結び付けて考えてみます。近代になってからの公衆浴場は、生活困窮者、低所得階層の人が多く住んでいる地域で、社会事業として行われていました。生江孝之は、一九一二（明治四五）年に出版した『欧米視察細民と救済』で欧米の公衆浴場を紹介し、社会事業として行うべきとしています。大阪の話ですが、一九二〇年（大正九年）の『大阪社會事業要覧』（第三版）に市営浴場が出てきます。社会事業としてやる意味は、低所得階層の人たちのためです。目的は何かいうと、もちろん公衆衛生ということがあるわけです。しかし、それよりも癒しだったのではないか、疲れた体を風呂に入って休めて、翌日は元気を出して働こうといった、そんな風なものだったのではないでしょうか。今、仏教社会福祉と結びつけて考えたら、行き詰まった業績主義の社会で、そうではない価値観を提供するためには、奈良時代の

寺院に設けられた風呂を想起させるような公衆浴場も一つのツールではないかということです。今日の基調講演で聞いた風呂の活動は、金銭的には全然ペイしていません。実は、お寺はそういうペイしない活動に場を提供できます。避難所もそうです。行政の設置する避難所と違うことができるのも、業績主義ではないからできる、癒しを求めて来られた人のために活動することができる、そういうものだと思います。そういう本末の転換、最近では「不便益」というのでしょうか、そういうものを今日のシンポジウムで提起していくということだったのではないかと感じています。

◆栗田

ありがとうございます。私がなぜこのテーマを立てたかというところをするどく指摘いただきました。私もそこまで深く考えずに立てたかもしれませんけど。

私のことは後にして、フロアーの方も含めて今のご発言で何かちょっとご意見、ご発題ある方、質問も含めてありませんですかね。フロアーと言っても、オンラインですからフロアーはないんですけど、いかがでしょう。

◆伊東

はい。

◆栗田

はい、伊東先生ですか。どうぞ。

◆伊東

東京福祉大学の伊東でございます。私、今日この最初に入澤学長のご挨拶がまさにシンポのその導入に大変、格調高い上に本音で話されて、さすがの導入と思ったところから入りました。そして最後は、小笠原先生が、最後の落としどころが大変に深い。最初、私もおやっという、学長がおっしゃられたように、「休息」？ という感じだったのですけれども、今、全部一通り、シンポジストの先生方のお話をお伺いして、非常に深くてあたたかくて熱いものを感じております。まずちょっと簡潔に感想を言わせていただくとですね。五百井先生ですね。優しい語り口だったのに、寺院の本質を突いてらっしゃり、今、一般国民が求めている寺院のあるべき姿と申しましょうか、それを凄く感じさせて戴きました。それから富和先生のご報告も在宅障害児をサポートされていて、まさにこれがですね。ＳＤＧｓでしょうか。このサステイナブルとしての親子レスパイトっていうのがはっきりしたのではないかと、それをお示しくださったように思いました。それから藤沢先生はですね。同じ名前が真理子ですから非常に親しみを込めて聞かせていただいて、四国巡礼とそれからルルドを例に取られて、しかしそれをですね。学問的にお上手に分類されて、

身体的心理的それから社会的にスピリチュアルいう風に四つにしっかりとし分解して示してくださった。私は今日、社会福祉実践における、仏教社会福祉実践における休息とはという、答えはリフレッシュだと思ってたんですね。でもそうではなくて、もっと私はやっぱり最初に言われたサステイナブル、ここにあるんじゃないか。特に富和先生が言われた、何て言いましょうか。在宅障害児を持っている親たちのこれからの継続性、サスティナビリティと言いますか、そのために絶対必要なところを示されておられました。それから五百井先生もですね。やっぱりそこの寺院の本質、そしてもうその最終的には人間としてサステイナブルしていくっていう、そういうところにあったのではないかなと思って大変感動致しました。どうもありがとうございました。

◆栗田

ありがとうございました。まとめていただくようなお話もありましたね。実は私が単に疲れていたということからこれは始まったんです。始まりはそうだったんです。ちょうどコロナが始まった頃にいろんなところでオンラインが始まりました。それで、疲れをとるためにたまたま座禅をオンラインでする会に参加して、そのことがいつの間にか自分の中に残ったのでしょう。禅の方の休息という言葉を多分使ってしまったんだと思うんです。でもその後、今参加している石川先生がかかわっていられる浅草寺の福祉会館のこれまでの活動をまとめた書籍を読む機会があった時に「ほっとする」ってという言葉があって、なんかこれの方が合ってるなと思ったんです。そのあと石川先生の方からメールをいただきまして、休息というのは禅宗の考えで出ているというようなことが書かれてあったのです。そこから、休息よりも「ほっとする」という、社会全体がそんな風になっていく方がいいのかなと思うようになりました。そのための福祉活動があるといいのかなと思って。でも、じゃあ禅宗の休息って言葉はそうではないのかかって。でも休息も息を休めるですから深いところまで行くと、そこまで考えていくと人々が一人ひとり息を休めれるような、そこにその存在そのものの息を休めれるようなところまで行くことが、やっぱり仏教福祉の活動の原点なのかなとも思ったりもしました。その言葉でもよかったのかなとか思ったりしてる時に、今のお話だったんです。石川先生、何かコメントいただけませんか。

◆石川

まさかコーディネーターから、名指しされてしまって驚いたんですが。私若い頃ですね。臨済禅を一週間ぐらいした経験がありまして、その時に数息観っていうですね。息をきちんと数えられなければいけないと。その息をですね。数えてるうちに雑念が出てきたら、それだめだってこう言われて。実は最終的にはその数

さえ分からなくなるような状態にしなければいけないと。これが望ましい姿だというようにその時は理解したものですから。いわゆる休息というのもですね。生きていく上で自分の呼吸っていうか。生きているということそのものをどう見つめるのかということにつながるのかなと思ったもんですから、見つめる機会が得られる状態、果たして現代そうなってるのかどうかという、そんなことがあったもんですから書いてしまったというのが理由です。

もう一つはコロナ禍において安全安心ということを何度も聞かされましたが、誰も安寧とかですね。休息とか。そういう深い意味で語ってくれない。表面的な安全と安心があれば良いという問題ではない、深い意味がこのコロナ禍にはあるんじゃないかと思ったもんですから。

本当に生きていくことの本質を、今日はそれぞれの先生からお聞かせいただいたというように感じております。ありがとうございました。

◆栗田

はい、ありがとうございました。〇のサインまで出していただき落合先生ありがとうございました。はい、もう一人ぐらい参加者の方から何かご発言あればと思いますけど。

◆落合

大正大学の落合です。

◆栗田

それでは落合先生。

◆落合

今、石川先生からお話ありましたけども、やはり安寧っていう新しくっていうか、古いでしょうけれども、今まで忘れられていたことを、またいま一度見直してみるっていうことが必要かなと思うのですね。

『仏教社会福祉』、それこそこの仏教社会福祉学会ができた頃から様々、どういう風に、仏教×福祉なのか、仏教たす福祉なのか、どうなのかって言われてきてるけど、やはりこのもう二十一世紀が随分経ってきて、さらにはこういったさまざまなコロナだとか、なんだとかっていうときで、もう一回仏教社会福祉ってどうなんだろうかな、何なんだろうかなっていうのを、もう一度ここで見直してみるっていうか、検証してみる必要があるかなっていうことは一点あるんですね。

それとともに、先ほど石川先生からもありました、本来ならば大学内で一緒にお話しなきゃいけないんですけれども、コロナ禍中の状況でできないところで、考察させていただくと『安寧』が

浮かび上がります。

やはり安寧っていう言葉、すなわち例えば今、私も住職をやっていますけれども、お檀家さんといろいろお話した後、『安寧合掌』っていう言葉を使ったりしてるんですね。ですから安寧っていうところを、もう少し仏教者の社会福祉実践の中でどういう風に位置付けるか、位置づけられるかっていうことを検証することによって新たな仏教社会福祉の課題なり、展望なりが出てくるんじゃないかなっていうような思いをしながら今日聞かせていただいておりました。

すいません。石川先生すいません。ちょっと話を引っ張りさせていただきました。また今後ともご教授くださいませ。すいません。

◆栗田

ありがとうございます。素敵な言葉です。では、長谷川先生。

◆長谷川

淑徳大学の長谷川です。今日は講演を含めて四人の先生方のお話をお伺いして平素伺えないような大変学びの深かった印象を受けております、一つ、お話を伺いながら頭に浮かんだキーワード三つ。一つは非日常、二つ目は心のふるさと、三つ目は出会いの場というようなことです。その中で私一番重要だと思いましたのは、この間のお話の中にも出ておりましたけれども、仏教における休息の意味を考えていく時に、仏教は日常とか、あるいは世間とかですね。今、現在のあり様そのものに妥協しない、というところに意味があるだろうと、世間の価値にですね。そういう意味でどういう風に考えるか。お話を伺って私は思いましたのは、非日常の体験を通して単に元の日常に戻るのではなく、大げさに言えば価値観の転換を経て新たな日常に生きるといったような意味で受け止めたいと。もちろん価値観の転換というようなことは大変大きな問題になりますから、そうでなくても日常生活から休息というものを経てまた日常に戻る。これは単に前と同じ日常であっては休息の意味が問われるのではないかと。そういう意味で、休息を経てどう新たな日常に帰っていけるかっていう。そこに仏教的な一つの転換を経た投げかけがあるのではないかと私は受け止めさせていただきました。

それから藤沢真理子先生のご発表は、私が大変関心を持っている巡礼の問題でもありましたので、非常に分かりやすく、しかも重要な投げかけがあったと思います。その中で、遍路の中でのご接待とか、それから善根宿。これはある意味では日本仏教のボランタリズムの一つの原型を示しているのではないかと、こう思うんですね。そういう意味で遍路を通して日本仏教のボランタリズムの問い直しというような方向は考えられないものなのかということを、これは藤沢先生にお伺いできれば。ルルドのことではボ

ランタリズムの話が、ボランティアの話が出ておりましたけれども、仏教のボランタリズムを考えていく時に接待とか善根宿っていうのは重要な問題を投げかけているのではないかと思います。以上、申し上げて講師の先生方にお礼を申し上げたいと思います。ありがとうございます。

◆栗田

ありがとうございました。予定した時間を過ぎる後半の深い議論になりましたけれども、シンポジストの方、コメンテーターの方で最後に何か一言もしあれば、是非。どうしてもということであれば。本当はお一人ずつお聞きしたいんですけど、その時間がもうありませんので、どなたか是非にという方がおられましたら、よろしいでしょうか。じゃあ最後に小笠原先生、一言。

◆小笠原

一言では無理です（笑）。今、長谷川先生がおっしゃられたことを私も言いかったのだと整理できました。まさにそういうことだと思います。今おっしゃった言葉の中で印象的なのが「世間の価値に妥協しない存在」ということです。存在というか、生のあり方です。栗田先生は、さっき「ほっとする」と言われました。でも「ほっとする」という姿勢は、現在は頑張らないという意味で消極的であるような捉え方だと思います。積極的に行動して未来を描いていくのが善いということです。でもこれからは違うのではないか、そういうことを提起するという意味で、日常、つまり今の世間の価値観を見直す、そういうことがシンポジストの話から汲み取れたのではないでしょうか。大きい問題提起、新たな価値の提案だったのだと思います。そういう風に思いました。

◆栗田

はい、ありがとうございました。社会福祉に仏教がついて仏教社会福祉になっているその意味が、少し何か今後深められそうなところになりました。ありがとうございました。それではですね。私は司会をこれで終わりますので、シンポジストの方、コメンテーターの方、それからフロアーの皆さんありがとうございました。長崎先生、次の方にお願いします。

◆長崎

ありがとうございました。

ここからは案内になりますが、午後五時からは総会になっております。総会は、日本仏教社会福祉学会の学会員のみ参加可能となりますので、会員になっておられない方は参加することができませんが、午後六時から、自由参加形式のオンライン情報交換会がございます。こちらは、参加自由ですので、会員になっておられない方も、是非ともご参加ください。あと、明日十月三日です

が、自由研究発表があります。第一分科会と第二分科会に分かれて研究発表が行われます。研究発表は参加自由ですので、皆様ご参加くださいますようよろしくお願いいします。

そうしましたら、学会会員の方は総会の方に移っていただきますよう、お願いいたします。

◆栗田

すいません。それでは最後にですね。学会の理事の清水先生の方からご挨拶いただきまして締めたいと思います。よろしくお願いいたします。

◆清水

はい。もう十分に皆さま意見交換も終わっているところでございますが、改めて基調講演をご担当いただきました松本様、そしてシンポジストのお三方の先生、当学会会員の小笠原先生、栗田先生どうもありがとうございました。すでに小笠原先生、長谷川先生が全部まとめてくださいましたので余分なことは必要ないかとも思いますので、一言感想を述べさせていただきます。

禅宗では「休息万事（ばんじをきゅうそくし）」と言われています。全てのものを休止する。今までの価値観というものを一旦、休止をして、そして新たに考えていくということが、やはり今後の私たちにとっても大切であろうと考えます。長谷川先生の先ほどのお話の中では、「非日常の体験を通した価値観の転換によってまたその後、新しい日常を過ごす」というところに関連して、日ごろ、仏教者が日常にとらわれ過ぎているという感覚がずっとありましたので、仏教者自身がどうやって非日常というものの体験をしていくのかという点を改めて考え直す縁《よすが》にしたいと思っております。

本日はシンポジストの先生方、また基調講演の先生どうもありがとうございました。以上をもちましてご挨拶とさせていただきます。

◆長崎

ありがとうございました。

〈令和三年度　日本仏教社会福祉学会　大会概要〉

【大会概要】

一．大会テーマ：仏教における休息

二．二〇二一（令和三）年一〇月二日（土）～三日（日）

三．会場：オンライン（Ｚｏｏｍ）による開催

協賛：龍谷エクステンションセンター（ＲＥＣ）福祉フォーラム

後援：京都府公衆浴場業生活衛生同業組合　滋賀県公衆浴場業生活衛生同業組合

【大会日程　第一日目：十月二日（土）】

一一：〇〇～　物故者追悼法要　導師　井上見淳氏（龍谷大学社会学部准教授）

三奉請　勤行（讃仏偈）　短念仏　回向

一二：〇〇～　ランチタイム・ミュージック　ネパールからオンラインでライブ放映

・モクタン・ママタ（Mamta Lama）氏（浄土真宗本願寺派　ネパール開教地　カトマンズ本願寺僧侶）

一三：〇〇～　開会式　挨拶　入澤　崇氏（龍谷大学 学長）

一三：一〇～　基調講演　銭湯のある暮らし

・演者：松本康治氏（『旅先銭湯』編集発行人　一般社団法人島風呂隊代表理事　さいろ社代表）

一四：〇〇～　シンポジウム　仏教社会福祉実践における「休息」の意味

〈シンポジスト〉

・五百井正浩氏（真宗大谷派玉龍寺住職　真宗大谷派ボランティア委員会　委員長）

・富和清隆氏（東大寺福祉事業団理事長　東大寺福祉療育病院院長　奈良親子レスパイトハウス代表）

・藤沢真理子氏（愛知東邦大学人間健康学部教授）

〈コメンテーター〉

・小笠原慶彰氏（神戸女子大学健康福祉学部教授）

〈コーディネーター〉

・栗田修司（龍谷大学社会学部教授）

一七：〇〇～　総会〈会員のみ参加可〉

一八：〇〇～　自由参加形式オンライン情報交換会

【大会日程　二日目：十月三日（日）】

自由研究発表

第一分科会

座長：伊東真理子（東京福祉大学）

司会進行：樽井康彦（龍谷大学）

九：三〇～　菅田理一（鳥取短期大学）

戦前期における里親制度の成立と発展―大阪乳幼児保護協会の内規の整備過程から―

一〇：〇〇～　○三上民喜（龍谷大学大学院社会学研究科博士後期課程）、栗田修司（龍谷大学）

学生による防災活動の意義と展望　―寄り添い・学び・ともに進む―

一〇：三〇～　趙夢盈（大阪大学大学院人間科学研究科博士後期課程）

仏教寺院における「休息の場」になる可能性―「サードプレイス」視座からの事例分析―

一一：〇〇～　池上要靖（身延山大学）

saranam の解釈と仏教社会福祉的理解

第二分科会

座長：佐賀枝夏文（大谷大学名誉教授）

司会進行：児玉龍治（龍谷大学）

九：三〇～　○淡路和孝（龍谷大学大学院社会学研究科博士後期課程）栗田修司（龍谷大学）

成人した無職の独身の子を持つ高齢者世帯へのアウトリーチと向社会性―「無財の七施」からの分析―

一〇：〇〇～　佐伯典彦（居宅介護支援事業所ハッピーウッド）

六〇歳後半の若さで、右脳梗塞になり、左上下肢マヒが残ったC氏についての考察

一〇：三〇～　○髙橋知恵・大塚明子・金田寿世・渡邊智明・井手友子・大森亮圭（浅草寺福祉会館）・石川到覚（大正大学）

映画鑑賞による回想と交流の場づくり～〝映画のひろば〟の取り組みから～

一一：〇〇～　○大塚明子・金田寿世・井手友子・渡邊智明・高橋知恵・大森亮圭（浅草寺福祉会館）・石田賢哉（青森県立保健大学）・石川到覚（大正大学）

浅草寺福祉会館における「総合相談」の可能性③～相談活動二〇年による主訴データの内容分析を中心に～

〔事務局報告〕

令和三年度（二〇二一）日本仏教社会福祉学会
第一回理事・役員会報告

日時：令和三年四月二十四日（土）
一六時〇〇分～一八時一〇分
場所：オンライン（Ｚｏｏｍ）開催

出席（敬称略）
代表理事　清水　海隆
個人理事　池上　要靖・石川　到覚・栗田　修司・
長崎　陽子・藤森　雄介・
団体理事　渋谷　哲・宮崎　牧子・
監　事　梅原　基雄・山口　幸照
オブザーバー
事務局　渡邉　義昭
名誉会員　長谷川匡俊
欠席
個人理事　宮城洋一郎・新保　祐光
団体理事　吉村　彰史

議事報告

事務局　事務局より開会の宣言。定足数の確認。欠席理事の先生方からは委任状を頂いている。理事役員数の二分の一以上の出席。理事会規程第六条に基づき本理事会は成立している。規定に基づき、代表理事を議長とした。

議案

〔第一号議案〕会員の異動について

（一）入会会員の承認について

事務局より、次の個人会員四名の入会申し出が説明され、承認された。

○個人会員（順不同）
茂木　毅・江連　崇（名寄市立大学健康福祉部講師）
馬場　康徳（田園調布学園大学兼任講師）
園崎　秀治（（元）全社協出版部副部長）

（二）退会会員の承認について

事務局より、次の個人会員三名から退会の申し出が説明され、承認された。

○個人会員（順不同）
渡辺　雄一・高橋　一弘・下西　忠

（三）入会辞退の申し出の承認

事務局より、前回の理事会で入会承認後、入会辞退の申し

出の説明があり、入会辞退が承認された。
○入会辞退　岡部眞貴子

以上のことから、二〇二一年四月二四日現在の会員数は以下の通りとなった。

個人会員　一九七名
内訳　一般会員一八四名・学生会員五名・賛助会員五名・実践会員三名
団体会員　二四団体
計　二二一会員

〔第二号議案〕令和二（二〇二〇）年度事業報告および令和二（二〇二〇）年度決算（案）について

まず事業報告について、事務局よりコロナ禍により、関係書類、決算（案）については、整い次第監査をオンラインにて確認し、第二回理事会にて改めて議案としたいと説明され、承認。

〔第三号議案〕令和三（二〇二一）年度第五五回学術大会（京都・龍谷大学）について

令和三（二〇二一）年度第五五回学術大会は、龍谷大学（京都）を会場とする件、了承を得ていることが報告された。

また、栗田理事より、大会日程及び大会内容について次のように報告され、承認。

・大会日時　平成三年一〇月二日から三日
・会　　場　龍谷大学
・テーマ　仏教社会福祉活動における「休息」の意味

大会趣旨について今後委員会で詰めていく。深草キャンパスを会場として考えている。時間配分や内容についても今後詰めていく。大会はオンラインでも発信できるようにしていきたい。本年令和三（二〇二〇）年二月淑徳大学で行った国際会議（ネット配信）のノウハウを共有して開催に向けていきたい。

次回の年報発送の際に、第五五回大会の案内を同封したい。研究発表の分科会の実施方法は。ハイブリットの実施方法。コロナ禍の中でもあり、現地での発表とオンラインでの参加も可能として考え調整していく。日程として、一〇月二日、法要、基調講演、三日分科会二会場を確保してる。

〔第四号議案〕令和四（二〇二二）年度学術大会について

事務局より、東日本大震災の東北地域にて開催する方向で調整中。宮城県女川町社会福祉協議会勤務の須田会員と連絡を取っている。コロナ禍ではあるが女川での開催を踏まえ準備は可能。東北福祉大学斎藤会員とも連絡を取った。これま

で学会としては初めてであるが、実行委員会方式（淑徳大学・東北福祉大学、女川町社会福祉協議会）での開催を考えている。開催日について今後調整していく。
通例は九月のお彼岸前を設定しているが現地との調整はこれから行う。今までの大会会場は大学を主に実施をしてきたが、お寺や会館などの一般会場での開催にもつながるのでは。実行委員会方式で実施することで承認

〔第五号議案〕学会年報査読について

栗田理事より説明。日本社会福祉学会機関紙の査読フローチャートを参考に、本学会に合わせて見直しをした。現在原稿を集めている号は、現状の規定で行う。第五二号に内規を掲載して五三号から新内規で実施するのか、秋の総会で編集委員会査読規定（案）について承認を得ることが必要では。今回の理事会で承認し、秋の理事会総会で決定することで承認。

報告事項

①各担当理事の報告

（仏教ソーシャルワーク研究）藤森担当理事より以下の内容について報告された。

・第五回淑徳大学アジア国際社会福祉研究所国際学術フォーラムを開催（オンライン）。テーマ：ソーシャルワークのグローバリゼーションに世界のソーシャルワーク研究者は抗う。脱植民地化・土着化・スピリチュアリティ・仏教ソーシャルワークについて。参加登録者三五〇名以上、世界三九カ国からの参加。

・「仏教ソーシャルワークの探求」シリーズを刊行（淑徳大学アジア国際社会福祉研究所）

・震災プロジェクト「国内開発」東日本大震災以降の仏教社会福祉に関する調査研究を踏まえた学会大会を被災地で開催することで一つの区切りとすることができると考える。

・今後にむけて、淑徳大学アジア国際社会福祉研究所、アジア仏教社会福祉学術交流センター、長谷川仏教文化研究所と本学会との連携を積極的に図っていきたい。

（年報編集委員会報告）栗田担当理事より以下の内容について報告された。

・年報五〇号は二月発行

・年報五一号は二〇二二年三月二八日発行であるが、最終校正中。年報五二号は、原稿が集まっていない。六月末まで募集期間の延長も考えている。年報五三号の編集作業を進める。

・文献の書き方の表示方法の確認について、文献記載の方法は、日本社会福祉学会の表記方法に準じることの周知が必

要。年報やニュースレターなどで告知も必要では。

・年報と会費の請求を合わせて文書を入れたい。また理事の皆さんにも原稿についての投稿を会員にお願いしてもらいたい。

・実践活動をしている会員の報告、投稿についても、働きかけていく。

・過去の年報では、中垣先生が年報に西光先生の追悼文を掲載していた。年報に中垣先生の追悼文を掲載する方向性で進めていきたい。

②今後の事務局体制について

代表理事より、新年度の事務局体制については、藤森理事、渡邉会員に事務局業務のサポートに入ってもらうと報告された。

③その他

・上原会員からの学会奨励賞に関する問い合わせについて、引き続き対応していく。

・長谷川名誉会員より令和四年の東北での開催、女川町での開催であればそのまま進めていただきたい。一方、南三陸町では大正大学とのつながりも深く、開催に向けての協力を仰ぐこともできる。

・代表理事より、事業計画、予算については、メールにて確認いただく。

以上

令和三年度（二〇二一）日本仏教社会福祉学会 第二回理事・役員会報告

日時：令和三（二〇二一）年一〇月二日（土）
九時四五～一一時〇〇分
場所：オンライン（Ｚｏｏｍ）開催

出席（敬称略）
代表理事　清水　海隆
個人理事　池上　要靖・石川　到覚・栗田　修司・長崎　陽子・藤森　雄介
団体理事　渋谷　哲・宮崎　牧子・
オブザーバー
事務局　渡邉　義昭
名誉会員　長谷川匡俊
欠席
個人理事　宮城洋一郎・新保　祐光
監　事　梅原　基雄・山口　幸照

議事報告

事務局　事務局より開会の宣言。定足数の確認。欠席理事の先生方からは委任状を頂いている。理事役員数の二分の一以上の出席。理事会規程第六条に基づき本理事会は成立している。規定に基づき、代表理事を議長とした。

議案

〔第一号議案〕会員の異動について

（一）入会会員の承認について

事務局より、次の個人会員四名、学生会員一名の入会申し出が説明され、承認された。

○個人会員（順不同）
内山美由紀（東京慈恵会医科大学訪問研究員）
佐藤すみれ（京都光華女子大学大学院修了）
武田悟一（立正大学仏教学部）
山本克彦（日本福祉大学福祉経営学部）

○学生会員
飯田由紀子（武蔵野大学大学院仏教学研究科）

（二）退会会員の承認について

事務局より、次の個人会員五名の退会申し出が説明され、承認された。

○個人会員（順不同）
貝野元心・小山典勇・壬生真康・山田勝己・市野智行

（三）会員種別の変更について

事務局より、次の学生会員一人が一般会員への種別変更の申し出が説明され、承認された。

○学生会員から一般会員へ　安藤徳明を一般会員に変更。

以上のことから、二〇二一年一〇月二日現在の会員数は以下の通りとなった。

入会会員　一般会員四名　学生会員一名　合計五名

退会会員五名　種別の変更一名（学生会員から一般会員へ）

会員数の状況

【個人会員】

一般会員　一八四名

学生会員　五名

実践会員　三名

賛助会員　五名

個人会員　計一九七名

【団体会員】

団体会員　二四会員

【会員合計】

合計　二二一会員

〔第二号議案〕令和二（二〇二〇）年度事業報告および令和二（二〇二〇）年度決算（案）について

まず事業報告について、事務局より以下の通り説明された。

①理事会・総会開催

令和二年度の総会は大会中止に伴い代行実施。

理事・役員により令和二年一一月二八日（土）オンライン（Ｚｏｏｍ開催）代行した。

令和二年度理事会

第一回　令和二年四月一八日（土）　オンライン会議（Ｚｏｏｍ開催メール審議）

第二回　令和二年一一月二八日（土）オンライン会議（Ｚｏｏｍ開催）

②年報刊行事業

本年度　第五〇号　令和三年二月二八日発行

第五一号　令和三年三月二八日発行

③研究助成事業

・仏教社会福祉勉強会　コロナ禍により未開催

・学会賞（対象期間：平成三〇年一月一日〜令和二年一二月三一日）推薦なし

④学術大会開催事業

第五五回学術大会（京都・龍谷大学）コロナ禍により、令和三年に延期

⑤広報事業

・ニュースレター第三三号・第三四号は、事務局業務が滞り、未発行。
・ホームページ更新は、未着手。
・メーリングリストの活用は、未着手。

⑥研究担当理事
・年報編集担当：栗田理事
・仏教社会福祉学研究史（仮）担当：池上理事
・ソーシャルワーク関係担当：藤森理事
・仏教社会福祉勉強会担当：長上理事・梅原監事

以上。

次に令和二年度収支決算書について、代表理事より、令和二年度の大会中止及び年報の二号分発刊を予定等のため、令和三年度に支出のため繰越金額が多くなっていると説明された。梅原監事、山口監事から書面にて収支が適切に運営され、残高等も正確に保管されていることが報告された。審議の後、承認された。

〔第三号議案〕令和四年度事業計画（案）および令和四年度予算（案）の件

まず、事業計画（案）について、事務局より以下の通り説明された。

①理事会・総会開催予定
令和四年度理事会
第一回　令和四年四月二三日（土）予定　オンライン（Ｚｏｏｍ）開催
第二回　令和四年第五五回学術大会日程にあわせ開催

②年報刊行事業
令和三年度　第五二号は令和三年度末発行
令和四年度　第五三号　令和五年三月発行予定

③研究助成事業
・仏教社会福祉勉強会
・学会賞（対象期間：令和三年一月一日から令和五年一二月三一日）

④学術大会開催事業
第五六回学術大会（東北方面　宮城県女川町での開催を予定）令和四年一一月で調整

⑤広報事業
・ニュースレター第三三、三四号（令和四年春）
・第三五号（令和四年秋）発行。
・ホームページ更新　令和三年度更新済
・メーリングリストの本格活用　令和三年度は大会開催案内等で一部活用

⑥研究担当理事
・年報編集担当理事：栗田修司

・「ソーシャルワーク研究プロジェクト」ならびに「日本の地域社会におけるソーシャルワークと仏教の協働モデルの開発プロジェクト」担当理事：藤森雄介（担当理事変更により一本化を図る）
・『仏教社会福祉学研究史（仮）』担当理事：池上要靖
次に、上記計画に対する予算（案）について代表理事より説明された。令和四年度の予算は令和三年度に準じて組み立てた。前年度との項目をみると学会賞は令和四年度該当しないため予算を付けなかった。一方、理事選出選挙があるため発送費に関する予算を計上した。予算規模としては令和三年度と大きく変わらず予算書を作成した。また、学会特別基金として一〇〇万円を郵便定額貯金で保管している。審議の後、承認された。

〔第五号議案〕令和三年度　第五五回大会について

栗田理事より　今年度は、新型コロナ感染予防のためオンラインで開催となった。総会について、会員は（Ｚｏｏｍ）で画面参加となる。長上大会長、樽井先生、児玉先生が入り関西チームとして取り組んでいく。承認。

報告事項

①各担当理事の報告

（年報編集担当）栗田理事
　令和三年度事業
・活動施設紹介　書籍の紹介を年報に入れる『年報』五二号発行にむけての編集作業と発行
・年報編集委員会の開催（令和三年一〇月三日予定、於：オンライン）
・『年報』五三号発行にむけての編集作業、投稿原稿から掲載までのフローチャートの明記、一〇月二日総会で了承を得れば総会後に適用する。
・論文執筆のためのサポート体制についての検討。特に事例研究の論文作成方法に関しては継続する。
・委員会から検討：年報編集委員会から当該投稿論文等を「掲載可」とする連絡を受けてから、投稿者は他の文献に投稿論文が本年報に「掲載予定」である旨、記載することができることを編集規定等に明記する。

（仏教ソーシャルワーク関係担当）藤森理事
　淑徳大学アジア国際社会福祉研究所と研究成果を共有していく。
・国際「仏教ソーシャルワーク研究」関連
二〇二一年九月二二日、淑徳大学アジア国際社会福祉研究所とモンゴル国立大学との共催で『コロナ禍の中の仏教ソーシャルワーク』をテーマに国際会議をＺｏｏｍにて開催し

た。
・仏教社会福祉「国内開発」関連
次年度の大会テーマを「東日本大震災一〇年を超えて～地域と寺院の今後の在り方（仮）～」として、宮城県女川町での開催に向けた調整を行った。日程は令和四（二〇二二）年一一月一八日理事会、一九日大会：基調講演、シンポジウム、二〇日自由研究を予定している。終了後、石巻へ震災遺構のエクスカーションを考えている。その後ＪＲ仙台駅への送迎としたい。実行委員会形式で（東北福祉大学・淑徳大学アジア国際社会福祉研究所・女川町社会福祉協議会）開催とする予定。女川町仏教会とも調整済みである。会場は女川まちなか交流館（ＪＲ女川駅徒歩三分）
・令和三年度下半期事業・活動予定
（一）令和四年二月に、研究所主催の関連する国際フォーラムを予定している。
（二）「仏教探求シリーズ」として、東アジア号（中国・台湾編）の英文、ミャンマー・カンボジア号の英文の刊行を予定している。
（三）引き続き、宮城県女川町での開催準備を進める。
（四）これまで、ＷＥＢでの開設に留まって十分な稼働までに至っていなかった「仏教プラットフォーム」の活用について、国際分野も含めた再構築を予定している。

（仏教社会福祉学研究史（仮））池上理事
現在組み立てを検討中。春の理事会で提案する
（仏教社会福祉勉強会担当）長上理事
コロナ感染状況もあり開催について検討中。

事務局報告

ニュースレター年度発行に向けて案内。次年度は事務局体制や大会など正常化していきたい。

その他

次年度春の理事会について、事務局よりオンライン（Ｚｏｏｍ）での開催を確認。

以上

令和三年度　日本仏教社会福祉学会　総会報告

龍谷大学にて開催された第五五回大会は、コロナ禍での開催のためオンライン（Ｚｏｏｍ）での開催となった。一〇月二日（土）一七時から一八時に令和三年度総会が行われた。

清水海隆代表理事が議長に選出され、令和二度決算及び事業報告、令和四年度予算及び事業計画について議事が進められた。梅原監事、山口監事から書面にて収支が適切に運営され、残高等も正確に保管されていることが報告された。

また、年報編集委員会・査読委員会から、論文執筆のためのサポート体制についての継続検討、投稿原稿の年報掲載に至るフローチャートについて、当該投稿論文等を「掲載可」とする連絡を受けてから投稿者は他の文献に投稿論文が本年報に「掲載予定」である旨、記載することができることを編集規定等に明記することが報告された。

報告事項としては、会員の異動や担当理事・役員会からの報告がなされた。また、来年度の大会開催について藤森理事より大会日程、企画などについて報告された。

審議された議案三件、報告事項二件については、全件が承認された。

日本仏教社会福祉学会役員名簿（二〇二一年度）

Ⅰ　個人会員選出理事

清水　海隆（立正大学）代表理事

池上　要靖（身延山大学）

石川　到覚（大正大学）

栗田　修司（龍谷大学）

新保　祐光（大正大学）

長崎　陽子（龍谷大学）

藤森　雄介（淑徳大学）

Ⅱ　団体会員選出理事

淑徳大学　渋谷　哲

大正大学　宮崎　牧子

立正大学　吉村　彰史

龍谷大学　長上　深雪

Ⅲ　監事

梅原基雄（淑徳大学短期大学部）

山口幸照（密教福祉研究所）

Ⅳ　学会事業・事務局

・年報編集委員長　栗田　修司（龍谷大学）

・「ソーシャルワーク研究プロジェクト」ならびに「日本の地域社会におけるソーシャルワークと仏教の協働モデルの開発プロジェクト」　藤森　雄介（淑徳大学）

・「仏教社会福祉学研究史（仮）」編集委員長　池上　要靖（身延山大学）

・仏教社会福祉勉強会　長上　深雪（龍谷大学）

事務局長　吉村　彰史（立正大学）

局員　藤森　雄介（淑徳大学）

局員　渡邉　義昭（淑徳大学）

令和２年度　日本仏教社会福祉学会　収支決算書
令和２年４月１日～令和３年３月31日

収入の部

（単位：円）

項目	予算額	決算額	増・減（▲）	摘要
前年度繰越金	32,200	2,665,201	2,633,001	
個人会員費	1,600,000	924,000	▲ 676,000	一般8,000×109＋賛助5,000×4＋実践5,000×4+ 学生3,000×4
団体会員費	690,000	510,000	▲ 180,000	30,000×17
貯金利子	1,000	20	▲ 980	郵貯口座利子
雑収入	50,000	10,000	▲ 40,000	匿名寄付10,000円 年報売上36,250円は次年度で計上
収入計	2,373,200	4,109,221	1,736,021	

支出の部

項目	予算額	決算額	増（▲）・減	摘要
大会助成費	400,000	0	▲ 400,000	第54回大会助成（@龍谷大学）
年報刊行費	1,000,000	764,390	▲ 235,610	年報50号
研究費	100,000	0	▲ 100,000	勉強会　講師謝礼
会議費	20,000	2,200	▲ 17,800	理事会 Zoom 使用料
交通費	150,000	0	▲ 150,000	諸会議交通費等
通信運搬費	150,000	43,137	▲ 106,863	郵便及び宅配費
事務費	50,000	27,063	▲ 22,937	文具消耗品
謝金	360,000	70,000	▲ 290,000	事務局員謝礼　事務局5,000×12＝60,000、代表理事10,000
雑費	5,000	2,200	▲ 2,800	振込手数料
学会賞賞金	0	0	0	
学術会議分担金	30,000	30,000	0	日本社会福祉学系学会連合
ホームページ維持費	32,400	33,000	600	国際文献社
理事選出選挙事務費	30,000	0	▲ 30,000	
予備費	10,000	16,500	6,500	中垣会員供花（八光殿四条畷）
支出計	2,337,400	988,490	1,348,910	

収支総合計

項目	予算額	決算額	増・減（▲）	摘要
収入計	2,373,200	4,109,221	1,736,021	
支出計	2,337,400	988,490	▲ 1,348,910	
次年度繰越金	35,800	3,120,731	3,084,931	令和３年度へ

※学会特別基金①1,000,000円（平成20年７月23日付にて郵便定額貯金で保管）

令和４年度　日本仏教社会福祉学会　収支予算書
令和４年４月１日～令和５年３月31日

収入の部　　（単位：円）

項　　目	令和４年度予算	令和３年度予算	増・減（▲）	摘　　要
前年度繰越金	15,000	13,800	1,200	
個人会員費	1,519,000	1,527,000	▲ 8,000	一般8,000×183＋賛助5,000×5+実践5,000×3+学生3,000×5
団体会員費	720,000	720,000	0	30,000×24
貯金利子	1,000	1,000	0	郵貯口座利子
雑収入	50,000	50,000	0	
収入計	2,305,000	2,311,800	▲ 6,800	

支出の部

項　　目	令和４年度予算	令和３年度予算	増・減（▲）	摘　　要
大会助成費	400,000	400,000	0	第56回大会助成（@宮城県女川町）
年報刊行費	1,000,000	1,000,000	0	年報53号
研究費	100,000	50,000	50,000	勉強会　講師謝礼
会議費	20,000	10,000	10,000	理事会 Zoom 使用料
交通費	70,000	70,000	0	諸会議交通費等
通信運搬費	170,000	170,000	0	郵便及び宅配費
事務費	50,000	15,000	35,000	文具消耗品
謝金	360,000	360,000	0	事務局員謝礼　事務局5,000×12＝60,000、代表理事10,000
雑費	5,000	3,000	2,000	振込手数料
学会賞賞金	0	150,000	▲ 150,000	
学術会議分担金	30,000	30,000	0	日本社会福祉学系学会連合
ホームページ維持費	33,000	33,000	0	国際文献社
理事選出選挙事務費	30,000	0	30,000	
予備費	37,000	15,000	22,000	
支出計	2,305,000	2,306,000	▲ 1,000	

収支総合計

項　　目	令和３年度予算	前年度予算	増・減（▲）	摘　　要
収入計	2,305,000	2,311,800	▲ 6,800	
支出計	2,305,000	2,306,000	▲ 1,000	
次年度繰越金	0	5,800	5,800	令和５年度へ

※学会特別基金①1,000,000円（平成20年７月23日付にて郵便定額貯金で保管）

編集後記

かなり遅れて発行することとなり大変申し訳なく思っています。本誌は、コロナ禍で一年延期となった京都大会の基調講演やシンポジウム、また会員からの積極的な投稿による研究ノート二本と実践報告二本に、書籍紹介を加えるものとなりました。

京都大会のテーマは「休息」に焦点化したもので、基調講演では休息の場である銭湯について、またシンポジウムでは、地震災害時の寺院における休息、重度障害児とその親による親子レスパイト、さらにお遍路における休息について発表と討議がなされ、その記録になっています。休息（respite）の通常の意味を検証しながらも、仏教社会福祉実践における休息の重要な意味付けにまで議論が進んだように思います。

査読を経た研究ノートについては、寺院をサードプレイスの視点から考察した論考や、墓守管理に関わる高齢女性の現状を検討した論考があります。また、実践報告としては、仏教系大学における防災教育についてと、寺院の福祉会館における映画鑑賞の意味合いを検証したものを掲載しています。さらに書籍紹介では、淑徳大学のアーカイブズを取り上げています。アーカイブズを取り上げるのは新しい試みでしょう。いずれもユニークで貴重な内容です。

さて、今回は、編集委員長である私、栗田が実行委員長として、長上深雪氏を大会長とする京都大会の運営を担ったことや、編集委員長としての最後の年報であることから、私自身、非常に思いで深いものとなりましたし、よき巡り合わせとなったと不思議に思っています。

アッという間の委員長経験でしたが、非常に学ばせていただきました。この場を借りて皆様に感謝するとともに、新たな長崎陽子委員長のもとで年報がさらに充実することを期待して筆を置きます。

感謝　合掌（栗田修司）

日本仏教社会福祉学会年報　第53号

令和六年三月二〇日印刷
令和六年三月三〇日発行

定価（本体二、五〇〇円＋税）

編集・発行　日本仏教社会福祉学会

事務局
〒260－8701
千葉県千葉市中央区大巌寺町二〇〇
淑徳大学アジア国際社会福祉研究所
アジア仏教社会福祉学術交流センター内
（TEL〇四三－二六五－九八七九㈹）
（FAX〇四三－二六五－七三三九㈹）

発売元　不二出版株式会社
〒112－0005
東京都文京区水道二－一〇－一〇
（TEL〇三－五九八一－六七〇四）

組版・印刷・製本　株式会社 白峰社

ISBN978-4-8350-6711-7

年報掲載原稿募集！

本誌の一層の充実のため、会員各位の積極的な投稿をお待ちしております。

内容は、（Ａ）研究論文・実践報告・研究ノート等、（Ｂ）図書紹介・著者紹介・仏教社会福祉系施設紹介等です。

（Ａ）研究論文等の投稿要領は、本誌掲載の「投稿規程」をご覧下さい。（Ｂ）図書紹介等は本誌一〜二頁に収まるようにご執筆下さい（分量以外は（Ａ）に準じます。）

（Ａ）（Ｂ）ともに、印刷原稿三部を学会事務局へご提出下さい。提出が確認された後、投稿者へ「受付証」を発行致します。

なお、投稿に関するお問い合わせおよび原稿提出は、本誌奥付掲載の学会事務局までお願い致します。

編集委員会